En couverture :
Le chai d'un cru bordelais, ici celui du château Gravas à Barsac, est le lieu idéal pour déguster un grand vin.

© Copyright 1993 - Editions SUD-OUEST. Ce livre a été imprimé et relié par Pollina à Luçon - 85 - France - n° 63148. La photocomposition a été réalisée par Graphisud à Bordeaux - 33. Mise en page du studio des Editions Sud-Ouest à Bordeaux. Photogravure couleur de Sud Ouest à Bordeaux - 33. La couverture a été tirée par l'imprimerie Raynard à La Guerche de Bretagne - 35, et pelliculée par Pollina - 85 - Luçon.
ISBN : 2.87901.133.7 - Editeur : 366.01.05.11.93.

CONNAITRE LES VINS DE BORDEAUX

Antoine Lebègue

CONNAITRE LES VINS DE BORDEAUX

L'auteur remercie pour leurs conseils et leurs informations tous les organismes et personnes qui lui ont apporté leur concours, soit directement pour ce livre soit pour les articles et ouvrages qui l'ont précédé et nourri, avec une mention toute particulière pour :

Le service régional de l'I.N.A.O., le C.I.V.B., la Chambre d'Agriculture, le Conseil des vins du Médoc, le Collège des vins du Saint-Emilion, la Maison des Graves et tous les syndicats viticoles de la Gironde.

Mmes : C. Busson, A.-M. Cocula, M. Durou-Bourgeois, B. Henri, C. Perrier, Ch. Renaux.

MM. B. de Balanda, P. Bernard, J.-Cl. Berrouet, H. Bouteiller, P. Casamayor, J. Conscience, P. Coudroy de Lille, J.-P. Dubois, X. Franc, J. Gaye, Ch. Grelier, J.-P. Hiéret, P. Langlade, L. Llorca, J.-M. Mas, Ch. de Montesquieu, A. Mur, H. Mussotte, F. Penin, Ph. Prévôt, Ph. Roudié, A. Rychlewski, G. Seguin, N. Simonoff, O. Trécolle, A. et J.-L. Viaut, J.-L. Vivière.

De Montesquieu, qui échappa à la dépendance de la vie du courtisan grâce aux revenus de ses vignobles qu'il pouvait surveiller en rédigeant sa correspondance ou les *Lettres persanes*, à Hemingway, qui prénomma sa fille Margaux, combien d'écrivains, d'artistes ou de savants ont-ils salué le bordeaux comme un chef d'œuvre ? Comme des œuvres d'art en tout cas, certaines bouteilles de collection atteignent des sommets dans les ventes aux enchères et, hélas, dans les restaurants quelques grands crus demeurent trop souvent du domaine du rêve.

Pourtant le vignoble bordelais reste riche en vins à découvrir, même dans les appellations les plus prestigieuses. Pour les trouver, il faut d'abord avoir les adresses ou connaître les bons terroirs, c'est l'un des objectifs de ce livre d'en indiquer. Mais ce n'est pas suffisant. Il faut aussi savoir que le viticulteur, le négociant ou le caviste qui s'efforce d'élaborer un bon vin à un prix raisonnable est généralement un passionné. Il aime que le dégustateur sache apprécier son vin en le replaçant dans son contexte.

Aujourd'hui l'amateur authentique cherche à connaître l'écosystème dans lequel son vin est né et a été élevé. Cet environnement est d'abord conditionné par le terroir ; et derrière ce mot se cache un ensemble complexe (sol, sous-sol, éléments permanents du climat). Mais il est aussi marqué par l'homme et l'histoire ; car le vin est à la fois l'expression et l'outil d'une civilisation. Ausone n'avait-il pas orné l'une de ses *villae* d'une statue de Liber pour affirmer la mission civilisatrice du vin. Derrière le plaisir qu'apporte la dégustation d'un bordeaux, se cache celui du vigneron qui a conduit la vigne, du maître de chai et de l'œnologue qui l'ont élevé ; des joies qu'il faut découvrir en octobre lors des vendanges. Car si le vignoble girondin est un enjeu économique, une locomotive de l'agro-alimentaire, une vitrine, celle des grands châteaux néo-classiques ou éclectiques, il ne faut jamais oublier que c'est aussi un monde de traditions, au savoir-faire exceptionnel. Présenter cet autre visage, trop souvent oublié, du Bordelais est l'une des ambitions de ce livre.

Pour profiter pleinement d'un vin, il faut savoir le garder, le mettre en valeur. Car dans l'écosystème de la qualité qui fait les grands vins, le consommateur est un acteur. Sans tomber dans l'excès qui consiste à oublier que le vin est destiné à accompagner le repas, et non l'inverse, il doit savoir lui trouver sa meilleure place, ce qui n'est pas toujours évident pour des vins à la personnalité aussi complexe qu'un vin de Bordeaux, notamment celui d'une appellation des plus majestueuses (Médoc, Graves, Sauternes, Pomerol, Saint-Emilion...). Car, dans sa bouteille, il continue à évoluer, pendant très longtemps parfois. Lorsque à la Cité mondiale du Vin, quai des Chartrons, nous avons eu le privilège d'ouvrir des bouteilles de médoc qui avaient été extraites de l'épave d'un navire, le *Marie-Thérèse*, coulé depuis 130 ans en Indonésie, elles exhalaient encore, au milieu de parfums étranges de banane très mûre, cette note de réglisse, caractéristique de certains vins de Bordeaux.

PREMIERE PARTIE
AUX ORIGINES DU VIN

PRINCIPAUX SOLS ET CEPAGES NOBLES
DU BORDELAIS

Contrairement à une idée trop souvent répandue, le vignoble bordelais ne s'étend pas sur l'ensemble du département de la Gironde. Tout le plateau sablonneux des Landes girondines (de la Pointe de Grave au Bazadais) est exclu de l'aire d'appellation Bordeaux, de même que les secteurs marécageux des pays viticoles de l'intérieur. En effet si la vigne peut croître sur de nombreux sols, elle ne peut donner des raisins et des vins de qualité que sur des terroirs prédisposés. Sans tomber dans l'assimilation, réductrice et fallacieuse, entre sol et terroir (voir le chapitre sur l'écosystème de la qualité), il est possible de distinguer en Gironde plusieurs types de sols viticoles.

— Les sols de graves et graveleux, qui comptent parmi les plus caractéristiques du Bordelais, apportent une grande finesse aux vins et favorisent leur garde (vieillissement), notamment par leur complicité avec le cépage cabernet-sauvignon ; on les trouve principalement dans le Sauternais, les Graves, le Médoc et à Pomerol, mais aussi sur une partie de Saint-Emilion et un peu partout, sous forme de poches. Les graves peuvent appartenir à plusieurs types qu'il est possible de reconnaître à leur couleur ; celle-ci peut varier du blanc, graves pures à dominante de cailloux, au gris, graves mêlées de sables, en passant par le jaune, signe d'une importante matrice argileuse.

— Les sols calcaires, ou à dominante calcaire, renforcent la charpente du vin, tout en lui donnant une grande finesse ; le plus célèbre exemple de ce type de terrain, particulièrement propice au merlot, est fourni par le plateau de Saint-Emilion.

— Les sols argileux donnent des vins à la fois ronds et épais. En Bordelais, ils sont généralement associés à d'autres roches pour former des combinaisons multiples : argilo-calcaires, argilo-siliceuses, silico-argileuses...

— Les sols sablonneux donnent des vins plus légers.

– Les palus, terrains alluvionnaires argileux bordant la Garonne, la Dordogne et l'estuaire.
– Les boulbènes, terres d'origine limoneuse, sont des sols assez difficiles à travailler mais qui conviennent bien aux vignes blanches.

Tous ces sols, dont on notera l'origine sédimentaire et récente (tertiaire ou quaternaire), sont suffisamment maigres pour permettre une viticulture de qualité. Celle-ci doit aussi son existence à la découverte d'une poignée de cépages nobles parfaitement adaptés à l'environnement bordelais. Comme toutes les vignes cultivées en Europe, ils appartiennent à l'espèce *vitis vinifera* et sont greffés sur des souches de vignes américaines depuis la crise phylloxérique des années 1860. De l'avis général, il semble difficile que l'on puisse trouver, au moins à court ou moyen termes, de nouveaux cépages permettant d'atteindre en Bordelais à un niveau qualitatif équivalent.

Les cépages rouges :

– Le cabernet-sauvignon, qui nécessite des terres chaudes (graves), est l'héritier des anciennes variétés historiques, la vidure et la biturica, qui furent à l'origine du vignoble bordelais. Il apporte aux vins du bouquet (arômes de fruits mûrs), de la couleur, de la longueur et, surtout, une structure tannique (le corps) qui demande du temps pour s'arrondir mais permet un très long vieillissement. Sur le plan aromatique, il se manifeste par un parfum de réglisse. Il est très fortement représenté en Médoc et dans les Graves.
– Le merlot noir, de maturité plus précoce, convient aux terrains argileux et calcaires ; il donne au vin de la rondeur, du gras, du moelleux, en même temps que de l'ampleur et de la richesse. Sa présence se marque par un bouquet développé, avec notamment des parfums fruités accompagnés d'un côté truffé et viandé.
– Le cabernet-franc aime lui aussi les sols calcaires ; il apporte au vin de la finesse, de la délicatesse et de la fraîcheur, tout en accroissant sa complexité aromatique, du fait qu'il intervient en complément du cabernet-sauvignon et du merlot.
– Le petit verdot, lui aussi minoritaire dans l'encépagement, joue un rôle dans la qualité du vin dont il augmente le caractère fruité et nerveux.
– Le cot (malbec ou pressac, en Libournais) est un complément utile du cabernet-sauvignon dont il arrondit les tanins, tout en permettant aux saveurs des différents cépages de mieux se fondre et s'harmoniser.

Les cépages blancs :

– Le sémillon apporte au vin un bouquet discrètement fruité ; il demeure le principal cépage blanc, bien qu'il ait un peu souffert de la montée du sauvignon avec lequel il forme un mariage heureux ; très sensible à l'attaque du *botrytis*, il joue un grand rôle dans l'élaboration des liquoreux, mais on le retrouve aussi dans les appellations de vins secs, notamment dans les graves qui lui doivent une part importante de leur aptitude au vieillissement.
– Le sauvignon donne un vin au bouquet très expressif, avec des notes à la fois

délicates et un peu sauvages (buis et genêt).

— La muscadelle est moins répandue que les deux précédents. qu'il complète par ses arômes musqués et capiteux.

LE CALENDRIER DU VIGNERON

Dominée par les vendanges, dont la Révolution française fit le premier mois de l'année républicaine (vendémiaire), la vie du vigneron ne se limite pas à ce seul temps fort. Scandé par les proverbes et dictons, son calendrier obéit au rythme de la vigne et aux traditions ; même si aujourd'hui la maîtrise des méthodes de travail et les nouveaux moyens techniques à sa disposition sont venus l'affranchir de certaines contraintes.

PETITE VIGNE DEVIENDRA GRAND VIGNOBLE

La vigne suit un double rythme, celui des âges de la vie et celui des saisons. Le premier s'échelonne sur plusieurs décennies. Durant ses quatre ou cinq premières années, elle grandit et étend ses racines mais sans donner de raisins. Par la suite, quand elle n'est pas sur un sol trop riche, elle enfonce profondément son système racinaire dans la terre. En revanche, si le terrain est trop généreux et si l'homme n'intervenait pas, elle étirerait paresseusement ses racines et développerait ses rameaux sur une grande surface, jusqu'à un demi-hectare.

L'année de la vigne

Le cycle annuel de la vigne débute à la fin de l'hiver, quand la sève remonte et la plante quitte son sommeil. Son réveil s'annonce par l'apparition, au bout des sarments coupés, de gouttes de sève. Vers la fin mars ou en avril, dès que la température commence à atteindre les 10°C, les bourgeons se forment, éclatent et rejettent leur bourre (débourrement). En fait, ce sont les bourgeons latents qui entrent en croissance, en libérant les inflorescences qu'ils contenaient. Des conditions de leur développement dépendra le nombre de fleurs par inflorescence.

Début juin, quand la température approche les 20°C, les fleurs apparaissent et s'épanouissent pendant une quinzaine de jours (floraison), enjolivant dis-

crètement les vignes et parfumant imperceptiblement l'air. C'est une étape extrêmement importante, car elle fixe le nombre de baies (grains) par grappe.

Au tout début de l'été, si elles n'ont pas été victimes de pluies trop fortes
lors de la floraison, les fleurs sont remplacées par les grains (nouaison), cependant que les rameaux cessent de croître. Après la nouaison, les baies grossis-
sent, d'abord par multiplication cellulaire (pendant trois à quatre semaines) puis
par distension cellulaire.

Au bout de six à huit semaines après la floraison, en août, le fruit, qui
a grossi mais est toujours vert et dur, commence à prendre ses couleurs et à changer
de consistance (véraison) ; avant de se remettre à grossir (par distension cellulaire), tout en mûrissant (maturation) en septembre. Vient ensuite avec la fin
de l'automne le temps où la vigne se pare de ses teintes or et fauves avant de
retourner à son sommeil hivernal.

Les sept saisons de la vigne

Comme pour beaucoup d'autres plantes, le cycle végétatif de la vigne ne
connaît que trois saisons actives ; du moins si l'on s'en tient à l'observation d'une
seule année, car, en réalité, il s'échelonne sur sept : ''plante à mémoire'', elle
enregistre longtemps à l'avance des données qui vont influer sur les rendements
de la récolte. Le processus déterminant le volume de la vendange d'une année
donnée débute au cours de l'année précédente quand se forment les bourgeons
latents qui vont engendrer les futurs rameaux. L'inflorescence se produit vers
la fin du printemps. Puis, après avoir acquis leur organisation définitive, ces bourgeons entrent rapidement dans une phase de sommeil, baptisée ''dormance''.
Dès cet instant, la fertilité potentielle du bourgeon est déterminée (par le nombre d'inflorescences préformées).

LA NAISSANCE D'UN VIGNOBLE

Le cycle des travaux viticoles doit suivre celui de la plante. Il démarre donc
avec la taille. Toutefois c'est vers avril que commence en réalité l'aventure d'un
grand vignoble, avec l'achat et la plantation des ceps. Lorsqu'ils arrivent à la
propriété, ceux-ci ont déjà une histoire, marquée par le greffage sur des souches
de vigne américaine (pour résister si nécessaire au phylloxéra). Déterminant le
style et la qualité du vin, le choix et la répartition des cépages sont dictés par
le type de terroir. Ainsi, comme nous l'avons vu, sur des sols chauds, comme
les graves, le cabernet sauvignon s'épanouira pleinement. En revanche, le merlot s'accommodera plus facilement de terrains argileux et le cabernet franc des
calcaires. Les terroirs girondins étant le plus souvent composites (argilo-calcaires,
argilo-graveleux...), l'encépagement de chaque cru peut et doit comprendre plusieurs variétés, ce qui va donner leur caractéristique majeure aux bordeaux qui
sont des vins d'assemblage.

Lors de la plantation, le viticulteur, ou futur viticulteur, devra aussi veiller à la densité des pieds. Trop faible, celle-ci fatiguera les ceps et nuira à la qualité de la production. En Bordelais, comme dans les autres grands vignobles de
qualité elle se situe donc souvent à un haut niveau, entre 5 000 et 10 000 pieds

à l'hectare, voire même dans certaines appellations communales entre 8 000 et 10 000.

LE CALENDRIER DU VIGNERON

Janvier est traditionnellement le mois de la taille, qui commençait jadis à la Saint-Vincent (le 22). Si elle s'échelonne aujourd'hui de décembre à mars, elle demeure toujours la première étape des travaux viticoles. Son objectif est de renforcer la vigueur la vigne par une diminution du nombre de rameaux et de grappes. Très importante, elle détermine en partie le visage, tant qualitatif que quantitatif, de la récolte à venir. Si elle est rigoureuse, les rameaux qui restent seront plus forts et porteront des feuilles plus larges et des baies plus grosses qui mûriront plus régulièrement. En dépit de l'apparition d'outils électriques, elle demeure toujours manuelle et très pénible du fait de la position courbée, du froid et du caractère répétitif du travail (chaque pied nécessite de quatre à cinq coups de sécateur). Mais elle constitue un moment privilégié de la rencontre entre la vigne et le vigneron. Celui-ci doit choisir les rameaux à enlever ou à garder et estimer, en fonction de leur aspect, le nombre des grappes à en attendre (la ''charge de la souche'') ainsi que les rendements et les caractéristiques du vin. Pour évoquer ce travail, les viticulteurs ont d'ailleurs un joli mot ; ils disent que la vigne ''pleure'', la sève perlant par les incisions faites par le sécateur.

Février est marqué par la poursuite de la taille, les sécaillages et les prélèvements de boutures pour les plantations futures.

En mars, il faut finir la taille même si le proverbe dit que : *''taille tôt, taille tard, rien ne vaut la taille de mars''*. En effet l'élagage doit être effectué pendant le sommeil de la plante, or, vers le 15 mars, la vigne s'éveille. L'heure est alors aux labours dont la fonction est de ''déchausser'' la plante, en ramenant la terre vers le milieu du rang pour de constituer une couche meuble. Ce premier labour est complété par le ''décavaillonnage'' qui a pour objet de tirer vers le sillon central les morceaux de terre restant entre les pieds. Aujourd'hui mécanisée cette tache était jadis accomplie à coups de pioche, souvent par les femmes qui suivaient la charrue. De nos jours, toutefois, les labours tendent à être remplacés par un désherbage chimique sur lequel les avis sont partagés. Des propriétés, et non des moindres, le refusent catégoriquement ; mais certains spécialistes estiment que loin de présenter des inconvénients il favorise une meilleure alimentation hydrique et minérale de la racine en lui permettant de coloniser plus complètement la couche superficielle du sol.

Avec **avril** viennent la fin des labours, le temps des plantations et − dans les vignobles le pratiquant − celui du palissage : la vigne étant une liane dépourvue de rigidité naturelle, elle doit être soutenue ; pour ce faire on attache les rameaux sur des fils de fer horizontaux (deux à trois rangées en général) que retiennent des piquets. Par rapport à l'échalassage (soutien de la vigne par des pieux plantés dans le sol), en usage avant la phylloxéra, cette technique présente plusieurs avantages, notamment une meilleure aération de la vigne, un ensoleillement supérieur et un travail plus facile.

En **mai**, pour neutraliser les mauvaises herbes, une seconde série de labours est effectuée dans les vignobles ne pratiquant pas le désherbage chimique. A la différence de ceux de mars, ces labours sont superficiels. Le mois de mai est aussi celui des pulvérisations destinées à protéger la vigne contre les différentes maladies, notamment l'oïdium et le mildiou. Chaque viticulteur vit dans la crainte du gel et suit avec une grande attention la publication par le Service de Protection des Végétaux des bulletins indiquant les traitements à administrer au vignoble.

Juin, mois de la floraison, voit l'"accolage" (liage) des sarments aux fils de fer et leur "rognage", opération qui accompagne presque systématiquement la première dans le Bordelais où le palissage bas impose un rognage rigoureux.

Premier mois de l'été, **juillet** connaît un ralentissement des façons culturales. Beaucoup de choses sont déjà jouées ; on sait que la vendange aura lieu 100 jours après la floraison et seule la météo peut agir vraiment sur la qualité et le volume de la récolte. Toutefois il faut pratiquer des aspersions de "bouillie bordelaise" et tailler quelques sarments qui seraient trop longs.

En **août** le travail du vigneron se réduit encore. Il ne lui reste plus qu'à regarder le ciel en espérant le soleil, chasser les dernières mauvaises herbes et entretenir les vignes ; mais en sachant qu'un travail trop important du sol est déconseillé, voire dangereux.

Septembre commence dans le calme mais avec la fin du mois arrive le grand moment de la vie du vigneron : la vendange. Temps de travail mais aussi instant de réjouissance, la vendange et ses coutumes tiennent une place majeure dans la civilisation de la vigne. Elle a aussi des effets décisifs sur la qualité du vin qui dépend souvent de la période à laquelle s'effectue la récolte. Un vin de qualité ne peut être obtenu qu'avec un raisin arrivé à bonne maturation. L'idéal est que les vendanges puissent commencer tôt. En effet, comme nous l'avons vu, une période d'environ 100 jours sépare la floraison de la récolte. Si la fleur apparaît tôt, vers le 5 ou 10 juin par exemple, ce laps de temps s'écoulera à une époque de l'année où la lumière du jour est plus longue. Ensuite, plus la cueillette se déroule tôt plus les risques de mauvaises conditions météorologiques diminuent.

Dans les grands crus, la vendange est toujours effectuée à la main par des troupes de vendangeurs qui reproduisent des gestes pluri-séculaires ; chaque ramasseur dépose les grappes qu'il a coupées dans un panier de bois, le *bailhot*, qu'il va vider en bout de rège dans les hottes des porteurs qui sont elles-mêmes déversées dans les *douilhs*, placés sur une charrette qui prendra le chemin du cuvier. Dans les appellations de liquoreux où il est nécessaire de passer plusieurs fois dans le vignoble, afin de ne cueillir que les raisins attaqués par la pourriture noble, les vendanges sont aussi manuelles. En revanche, dans une grande partie du vignoble bordelais la machine à vendanger a remplacé l'homme autour de la charnière des années 1970 et 1980. Si elle n'égale pas une troupe de vendangeurs expérimentés et si elle nécessite une grand prudence dans sa conduite pour ne pas brutaliser la vigne et la récolte, notamment pour les vins blancs, la machine présente cependant certains avantages non négligeables ; l'un des principaux est sa souplesse d'utilisation qui rend possible de suivre le rythme de la maturation de chaque cépage et de chaque parcelle. Elle évite également l'engorgement des arrivées au chai, source parfois d'accident.

Dès **octobre** les travaux du chai l'emportent sur ceux de la vigne. Toutefois les vendanges se prolongent durant la première quinzaine, et plus tard pour le Sauternais et les autres régions de liquoreux. Par ailleurs, traditionnellement les viticulteurs profitaient autrefois du marc pour fumer les vignes et ils défonçaient les terrains destinés aux nouvelles plantations.

Novembre est consacré à la préparation de l'hiver : les longs sarments, qui seront brûlés dans l'âtre, sont taillés et les ceps sont ''buttés'' (entourés de terre) pour être protégés du gel.

En **décembre**, dès le 15, le cycle des travaux reprend avec la taille.

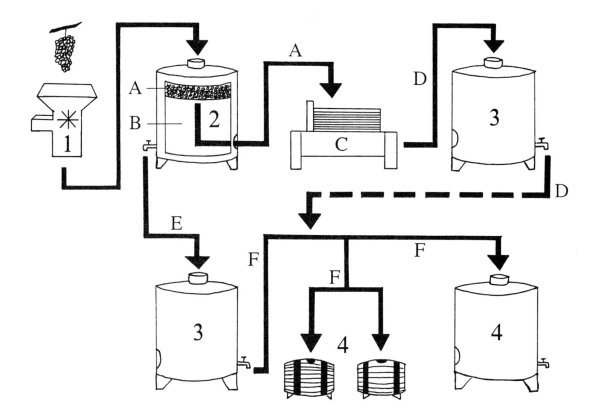

L'ELABORATION D'UN VIN ROUGE
1 : égrappage (facultatif) et foulage ; 2 cuvaison : fermentation alcoolique et macéra-
tion ; 3 : fermentation malolactique ; 4 : élevage.
A : chapeau (marc contenant la peau, les pépins et les rafles); B : moût ; C : pressoir ;
D : vin de presse (ajouté si nécessaire au vin de goutte); E : écoulage (vin de goutte) ;
F : soutirage.

DU RAISIN AU VIN,
L'ART DE LA VINIFICATION

Dans un grand vignoble d'appellation, quand la vendange arrive au cuvier, les caractéristiques et qualités essentielles du vin sont déjà contenues potentiellement dans le raisin. Toute la science, pour ne pas dire l'art, du bon vinificateur sera de les exprimer à travers le long et délicat processus de la vinification, qui ne se réduit pas au seul phénomène de la fermentation alcoolique, même si celui-ci constitue l'étape clef du dispositif, celle qui transforme le jus de raisin en vin.

LA VINIFICATION EN ROUGE

La vinification en rouge repose sur un principe de base : la fermentation du jus de raisin rouge (en fait noir) avec sa peau, qui lui apporte sa couleur. Le processus complet, menant du raisin au vin rouge de Bordeaux peut être réparti en quatre grandes étapes pour la vinification proprement et cinq avec l'élevage.

Le foulage-égrappage
La première est le foulage-égrappage, les deux opérations sont souvent simultanées. Dans l'ordre chronologique l'égrappage (ou éraflage), la séparation du raisin de la rafle, constitue la phase initiale. Toutefois, il ne revêt pas un caractère obligatoire, même s'il améliore grandement la qualité en atténuant la rusticité des tanins et en apportant plus de fruité et de souplesse au vin. En revanche le foulage représente une étape indispensable. Se traduisant par l'écrasement de la peau et de la chair, qui va donner le moût (le jus du raisin), il était jadis pratiqué avec les pieds, parfois au son d'un instrument de musique, mais est réalisé aujourd'hui à l'aide d'appareils, les fouloirs, ou broyeurs, qui sont en fait le plus fréquemment des fouloirs-égrappoirs. Intimement liée au folklore

des vendanges, cette opération est sans doute la plus connue de toute la chaîne de la vinification.

La cuvaison (fermentation et macération)

Après un léger apport d'anhydride sulfureux, le moût (jus du raisin), les peaux et les pépins sont envoyés dans les cuves pour subir l'étape décisive qui va changer le jus de raisin en vin : la fermentation. Phénomène complexe, ne comptant pas moins de 17 phases, celle-ci a pour effet d'attaquer les sucres du raisin et de les transformer en alcool, gaz carbonique, calories et de nombreux autres produits secondaires. Les agents de cette mutation sont des micro-organismes, les levures. Présents, sous forme de substance grise, sur la peau du raisin, ces champignons microscopiques se mettent en action naturellement dès que la peau du raisin est brisée. On peut aussi faire appel à des levains de levures cultivées ; mais ceux-ci demeurent − et doivent demeurer − limités en Bordelais, les levures naturelles étant l'un des modes d'expression du terroir. Le démarrage de la fermentation se marque de façon spectaculaire dans la cuve par la formation à la surface d'un chapeau, le marc, composé par les parties solides du moût. La fermentation s'accompagne d'une forte hausse de la température de la cuve qui suit la disparition des sucres. L'un des points les plus délicats durant la fermentation est la maîtrise des températures : celles-ci doivent se situer autour de 28°C à 30°C. Au dessous de 25°C le vin risque de manquer de corps et de couleur, et au-dessus, les levures étant très sensibles aux chaleurs trop élevées, le processus peut s'arrêter et donner un vin trop sucré. Aussi il est impératif de surveiller régulièrement l'évolution des températures pour procéder dès que nécessaire à des refroidissements de la cuve ; toutefois dans beaucoup de propriétés ce suivi est assuré maintenant par des systèmes automatisés. Au bout d'une période pouvant varier de quatre à huit jours le contenu de la cuve cesse de palpiter, signe annonçant que la fermentation est terminée.

Cette étape ne marque pas pour autant la fin de la cuvaison qui va se prolonger pour atteindre une durée totale variant de huit à plus de 20 jours selon le type de vin que l'on souhaite obtenir. Durant toute cette période se produit un second phénomène : la macération. Avec cette étape, qui commence en réalité dès la fermentation, la vinification devient véritablement un art. Son principe est simple : doser l'extraction de la couleur et des tanins contenus dans le marc, pour parvenir à un vin plus ou moins charpenté, de la même manière que l'on peut corser un café. Plus la macération est importante, plus le vin sera coloré, puissant et de garde. Pour ce faire le vinificateur peut jouer sur la forme et la taille des cuves, ainsi que sur leur taux de remplissage, de façon à étendre la surface de contact entre le moût et le chapeau, procéder à des remontages et arrosages, afin de faire passer le moût dans le chapeau, et, bien sûr, augmenter la durée de la macération.

La durée de la cuvaison agit sur la longévité du vin. Après avoir été excessivement longue au XIXe s. et trop courte vers le milieu du XXe, elle a trouvé un bon point équilibre aujourd'hui. Bien entendu elle doit être adaptée à chaque millésime (maturité, acidité etc). Pour les vins destinés à être consommés jeunes on peut procéder par une méthode d'un type particulier : la thermovinification qui consiste à amener le moût à une température de 75°C pendant une heure ou une heure trente. Ensuite on le refroidit rapidement (à 30°C). On égoutte, on presse. Le résultat est un vin jeune et fruité, consommable dès l'année de production et qui peut attendre deux à trois ans. Une autre technique, parfois employée, consiste en une vinification à basse température (les premiers jours), autour de 22°C, qui permet d'extraire du raisin la quintessence des arômes, suivie d'une fin de vinification à 29° pour obtenir la finesse des tanins et la couleur.

L'écoulage

Quand la phase de fermentation-macération est achevée, on procède au décuvage, aussi appelé écoulage ou soutirage. Cette opération a pour but de transférer le moût, qui est devenu du vin (le vin de goutte), vers une autre cuve ou en barriques. Il est ainsi séparé du marc qui va être pressé pour donner le vin de presse. Plus riche en goût et en extraits divers, notamment colorants, mais aussi plus astringent, celui-ci sera éventuellement assemblé avec le vin de goutte, ou grand vin, en fonction des besoins du millésime en question, non sans avoir subi auparavant une clarification.

La fermentation malolactique

Les deux vins, de goutte et de presse, sont remis en cuve, mais toujours séparément, pour subir une seconde fermentation, dite malolactique. Délicate à réaliser, car demandant l'utilisation de quantités réduites de SO_2 et un maintien de la température du vin entre 18° et 20°, elle se traduit par une transformation de l'acide malique (acide et agressif) en acide lactique (plus souple) et gaz carbonique. Longtemps inconnue la fermentation malolactique se produisait de façon incontrôlée, parfois même au printemps, entraînant dans certains cas des accidents irréparables.

Du vin au grand vin : l'assemblage et l'élevage

On pourrait croire la vinification achevée. Mais, brut, trouble et gazeux, le vin nouveau demande encore une phase d'élevage qui sera plus ou moins longue selon les types de vin recherchés. Pour les grands vins de garde elle va durer pendant deux ans et quelques fois plus.

En général, le vin reste dans des cuves correspondant aux différentes parcelles de la propriété – ou aux lots pour un vin de marque de négociant – jusqu'au moment de l'assemblage. C'est là un grand jour dans la vie d'un vin, celui où le vinificateur signe de son sceau sa production. Cette opération est d'une grande simplicité dans son principe : il s'agit de goûter des échantillons prélevés dans chaque cuve pour déterminer quels sont les lots qui rentreront, et pour quel pourcentage, dans le vin – ou dans le grand vin (l'étiquette principale) pour les grands châteaux. Derrière son apparente facilité, cette intervention est particulièrement délicate, car le vin est encore très vert et astringent et seuls un œil, un palais et, surtout, un nez très avertis peuvent déterminer ce que deviendra chaque cuve et ce qu'elle apportera au futur vin. C'est pourquoi certains vinificateurs préfèrent attendre que l'élevage soit à moitié accompli pour procéder à l'assemblage. Toutefois, même dans ce cas, ils doivent assembler vers janvier les vins de goutte et de presse. En fonction du millésime, de l'état sanitaire de la vendange, de la richesse en matière du vin de goutte et du type de vin recherché il faut décider si une addition de vin de presse est nécessaire et déterminer son importance, pour augmenter la puissance tannique, facteur essentiel de qualité pour des vins destinés à un long vieillissement.

L'élevage proprement dit débute par la clarification qui va assurer la limpidité du vin. Elle a été rendue célèbre par la technique des blancs d'œuf battus versés par le maître de chai dans les barriques. On fait aussi disparaître l'excès de gaz carbonique, dû à la fermentation, par soutirage au contact de l'air. De son réglage dépendra le style du vin. Enfin l'élevage comprend aussi des procédés d'affinage du vin, visant à assouplir les tanins et à stabiliser la couleur. Pour les grands crus et dans de nombreuses autres propriétés l'élevage est réalisé dans des fûts de chêne. Ce qui représente un atout qualitatif incontestable, notamment pour les vins de garde. De petite capacité, les tonneaux permettent au vin nouveau de se développer plus vite et mieux que les cuves de grand volume. De plus il prend des arômes vanillés, s'harmonisant parfaitement avec ceux du raisin. Toutefois, il faut souligner que l'emploi de barriques n'est pas une panacée universelle. Pour que le bois bonifie le vin, il est impératif d'utiliser des fûts de bonne qualité (de préférence du chêne des forêts de l'Allier, du Cher, de la Nièvre et du Limousin) et bien entretenus. De plus certains vins ne présentant une charpente suffisante risque d'être dominés par les tanins du bois, notamment avec des fûts neufs. Tout l'art du vinificateur sera donc de bien doser son passage en barriques et le pourcentage de tonneaux neufs à avoir.

Durant l'élevage le vinificateur intervient pour que le vin puisse "se faire" sans problème. Pour éviter les accidents microbiens, on procède vers mars au méchage, c'est-à-dire à l'introduction de bâtonnets de soufre dans les tonneaux, l'anhydride sulfureux constituant un antiseptique puissant. Pour que le vin puisse se conserver, le fût doit toujours rester plein. Or il se produit une évaporation ; aussi tous les 15 jours il faut procéder à l'ouillage, opération qui consiste à enlever la bonde qui bouche la barrique pour ajouter, avec l'ouillette, une quantité de vin correspondant aux pertes. Ensuite on referme le tonneau avec la bonde. Régulièrement aussi, environ tous les trois mois, il faut procéder à des soutirages. Enfin vient le moment, tant attendu, de placer le fût "bonde de côté" pour indiquer que le vin, qui n'a plus besoin de soutirage, est prêt à être mis en bouteille.

LA VINIFICATION DES VINS BLANCS SECS

Sulfitage, pressurage, débourbage, levurage, fermentation (en cuve ou en barrique), écoulage, sulfitage : tout en respectant le même schéma général, la vinification en blanc diffère assez profondément de celle en rouge. D'abord parce qu'elle peut être réalisée à partir de cépages blancs ou rouges (d'où l'expression champenoise blanc de blanc), même si en Bordelais elle ne fait appel qu'à des raisins blancs, excepté pour certains crémants. Ensuite, et surtout, parce que, pour la fermentation, le vinificateur n'utilise que du jus de raisin pur, ne comprenant aucun élément en provenance de la peau, des pépins ou de la rafle ; enfin la fermentation se fait à des températures plus basses (inférieure à 20°).

La vinification classique

La méthode classique consiste à faire subir un pressurage rapide aux raisins avant de mettre le moût en fermentation. Le moût de raisin blanc étant très très sensible aux effets de l'oxygène, les délais séparant la cueillette de la mise en fermentation doivent être réduits au strict minimum. Par ailleurs, la séparation du jus et des parties solides devant être conduite avec une grande minutie pour garantir la qualité du vin, il est fréquent de faire suivre l'extraction du moût d'un débourbage. La fermentation alcoolique, qui dure de huit à 15 ou 20 jours selon les types de vins, est suivie, en Bordelais, comme pour les rouges d'une clarification. Puis le vin est conservé en cuves ou dans des fûts de chêne jusqu'à la mise en bouteilles. Précédée d'une clarification et d'une stabilisation, celle-ci intervient cinq à six mois après les vendanges..

La macération pelliculaire

Tout en conservant les traits essentiels de la filière classique, certains vinificateurs procèdent avant le pressurage à une macération de quelques heures (3 à 6). Cette technique, dite de la macération pelliculaire, doit beaucoup à l'oenologue bordelais Denis Dubourdieu. Elle permet d'obtenir des vins moins acides dont les arômes, riches et complexes, sont très originaux avec des notes de pamplemousse ou de fruits de la Passion. Jointe à la sélection parcellaire et à une bonne maîtrise de la durée et de la température de fermentation, elle est en grande partie à l'origine du renouveau des vins blancs secs de Bordeaux.

LA VINIFICATION DES VINS BLANC LIQUOREUX

L'élaboration des vins blancs liquoreux et moelleux diffère assez profondément de celle des secs.

D'abord elle s'individualise par l'utilisation de raisins très riches en sucres naturels, du fait de leur botrytisation. Pour ce faire, les vendanges sont plus tardives pour récolter les raisins quand ils sont atteints par le *botrytis cinerea* (la pourriture noble). Ce champignon microscopique n'attaquant pas tous les grains en même temps, la vendange doit être effectuée par ramassages (tries) successifs.

Ensuite la vinification se démarque de celle des secs par la lenteur du pressurage (en raison de la richesse en sucre) et de la fermentation puis par l'arrêt de cette dernière avant la transformation de tous les sucres en alcool, soit naturellement soit par mutage, c'est-à-dire par un apport d'anhydride sulfureux qui élimine les levures.

LA VINIFICATION DES ROSES ET CLAIRETS

Les rosés et clairets ne résultent jamais de mélanges de vins rouges et blancs, même s'ils empruntent leur couleur, d'un rouge léger, aux premiers et leur fruité, frais et léger, aux seconds. Ils peuvent être obtenus de deux façons différentes :

soit en vinifiant en blanc une vendange rouge bien mûre qui a été préalablement pressurée ; soit en séparant le moût d'une vendange de raisins rouges après quelques heures de macération ; on dit qu'on a "saigné" la cuve, ce qui a donné son nom à la méthode, dite des rosés de ou par saignée.

Spécialité girondine, les clairets, reconnaissables à leur couleur plus soutenue, sont obtenus également par saignée ; mais la macération dure plus longtemps et doit être arrêtée juste après un début de fermentation.

LA VINIFICATION DES CREMANTS

Ayant remplacé les anciens mousseux, ces vins effervescents sont élaborés en suivant la méthode dite "champenoise" (depuis 1992, le terme de "méthode champenoise" est réservé à la Champagne), avec sa deuxième fermentation en bouteille pendant laquelle s'opère la "prise de mousse".

L'HISTOIRE DES VINS

L'histoire des vins de Bordeaux est étroitement liée à celle de la cité et du port. Elle remonte à l'époque romaine quand furent plantés les premiers pieds de vigne. Mais, bien avant la venue des légions, les Aquitains ont pu goûter aux charmes du breuvage de Bacchus. Au moins les aristocrates qui ont déjà importé du vin italien ou espagnol. Celui-ci passait par Toulouse, d'où il était réexporté vers Bordeaux (*Burdigala* à l'époque). Mais nous ne connaissons pas l'importance du trafic, de même que nous ne savons pas si les Bordelais jouaient un rôle de négociants ni quel sens pouvait revêtir à leurs yeux la consommation de vin ; composante de la fête, il l'était sans doute ; mais participait-il à quelque dépassement des tabous de la vie ordinaire ou à l'expression de la solidarité et de la supériorité d'un groupe particulier, comme, selon Tacite, la beuverie chez les Germains ? En un mot, le vin était-il du domaine du sacré, comme l'ivresse à ses débuts, ou déjà dans celui du profane ? De même on peut se demander s'il exprimait, plus ou moins consciemment, l'appartenance à une classe supérieure, comme ce sera le cas dans l'Angleterre médiévale où il sera la boisson de la cour et des seigneurs, voire au monde civilisé, comme le pensaient, toujours selon Tacite, les Germains du Rhin ? Faute de documents, toutes ces questions resteront longtemps, définitivement même, du domaine des spéculations intellectuelles.

ROME ET BORDEAUX INVENTENT LA BITURICA

Avant la conquête romaine la vigne, au moins sous sa forme cultivée, est demeurée pratiquement inconnue dans la région bordelaise. Les choses changent au premier siècle de notre ère qui est marquée par des plantations de ceps ; sans doute pour alimenter les légions stationnées en Bretagne (actuelle Grande-Bretagne) mais aussi pour échapper au péage toulousain et plus encore parce que l'appartenance à l'Empire permet de découvrir la *balisca*, un cépage s'adaptant au climat du Sud-Ouest. Vraisemblablement originaire − directement ou indirectement − de la région de Durrës en Albanie, cette variété, peut-être croisée avec une variété sauvage indigène et rebaptisée *biturica*, donnera naissance à la "vidure", lointaine ancêtre du cabernet.

L'archéologie est encore restée assez discrète sur l'avènement du vignoble ; la première trace connue étant des serpettes de vendangeurs découvertes , à la fin du XIXᵉ siècle, sur le site de la villa du Barat, à Lussac Saint-Emilion. Mais, au IVᵉ siècle, le poète bordelais Ausone apostrophe sa ville natale par cette formule : "toi qu'illustrent tes vins et tes fleuves". Et, durant toute l'époque du Bas-Empire, la région bordelaise est vantée par les auteurs pour ses nombreuses richesses, au nombre desquelles figurent la vigne. Vers le milieu du Vᵉ siècle, Salvien écrit : "l'Aquitaine et la Novempopulanie sont comme la moelle de presque toutes les Gaules et possèdent un terroir d'une merveilleuse fécondité, un terroir qui n'est pas seulement fécond, mais encore plein d'agrément. Tout le pays est chargé de vignes, orné de riantes prairies, parsemé de champs cultivés..., les grands propriétaires de cette terre semblent détenir moins une portion de sol terrestre qu'une image de paradis".

Du "jardin de curé" à la flotte du vin

Après les destructions liées aux grandes invasions, la renaissance du vignoble est le résultat d'un patient travail, dû, pour une large part, aux ordres religieux. Durant les périodes de trouble, c'est autour des églises et abbayes qu'ont été sauvegardés les vestiges des plantations de l'époque romaine. Certes les vignes ainsi préservées sont de taille modeste, leur production n'étant destinée qu'à un usage strictement local ; certains ont même pu parler à leur propos de vignes de "jardin de curé". Mais cela ne doit pas masquer le fait qu'un savoir-faire et, point plus important encore, qu'un capital génétique, la *biturica*, ont été conservés.

A partir du XIᵉ siècle, le Bordelais connaît, comme l'ensemble de l'Europe, une phase de croissance démographique et d'expansion économique qui se traduit par une extension des surfaces cultivées. Les céréales en sont les principales bénéficiaires mais la vigne n'est pas oubliée, avec, notamment, l'émergence du vignoble urbain et suburbain de Bordeaux, les futures "Graves", où l'on trouve également un second pôle de développement, de Podensac à Langon. Ailleurs, c'est principalement dans les régions de côtes, au-dessus de la Gironde (Blaye et Bourg) et de la Garonne, de Cenon à Saint-Macaire, que s'établit ce premier vignoble médiéval. En Médoc et en Libournais, les vignes restent encore rares, mais au milieu du XIIᵉ siècle celles de Saint-Emilion ont acquis une renommée suffisante pour être citées par le poète normand Henri d'Andeli, dans sa "Bataille des vins".

Durant la seconde moitié du XIIᵉ siècle, et la première du XIIIᵉ, un changement important se produit : l'expansion viticole cesse de s'inscrire dans le cadre de la conquête du sol et des défrichements pour entrer dans l'ère du grand vignoble commercial. C'est un double un événement politique qui est à l'origine de cette mutation : le remariage, en 1152, d'Aliénor d'Aquitaine avec Henri II Plantagenêt et la montée sur le trône d'Angleterre de ce dernier, deux ans après.

Grâce à cela les négociants bordelais sont exemptés de taxe à Londres : non sans réticence, le roi-duc cède à leur demande d'être dispensés d'acquitter la grande coutume (droit levé sur les exportations) et la petite (sur les entrées dans la ville) pour les vins de leur diocèse. Mais sur les bords de la Tamise ils se heurtent aux Rochelais dont la cité appartient elle-aussi à l'empire anglo-aquitain. Du moins jusqu'en 1224, année de la prise de la capitale de l'Aunis par les troupes françaises. Désormais sans concurrente, Bordeaux peut entrer dans la voie du grand vignoble commercial. D'autant plus que, en 1241, la ville profite de sa situation portuaire pour obtenir le privilège d'expédier ses vins avant ceux du ''haut-pays'' (les vallées de la Garonne, du Lot et du Tarn), contraints désormais d'attendre la Saint-Martin (le 11 novembre) pour gagner le port de la Lune. Ce détail revêt une importance capitale, car les expéditions de vins se font à cette époque en deux fois : en automne, pour les fêtes de Noël, et au printemps, pour celles de Pâques. La flotte d'automne appareillant le jour de la Saint-Martin, elle ne peut charger que des vins bordelais qui se retrouvent seuls sur le marché londonien au moment le plus intéressant.

Les privilèges royaux aidant, les ''clarets'', ainsi que l'on nomme les bordeaux outre-Manche, connaissent un succès tel que leur exportation donne naissance au plus important trafic maritime de tout l'Occident médiéval. Le spectacle de la flotte du vin, de ces ''deux-cents nefs, d'une voile, marchant d'Angleterre, de Galles et d'Ecosse vers Bordeaux, pour aller aux vins,'' enthousiasme Froissart.

Les campagnes bordelaises se couvrent alors de vignobles. On plante un peu en Médoc, mais surtout dans les Graves, et près de Saint-Emilion. Le vin rapporte de considérables fortunes aux grands propriétaires du Bordelais qui, lors de la grande foire franche du 3 au 18 novembre, réalisent des bénéfices trois ou quatre fois supérieurs aux frais d'exploitation. Assurés de vendre leur récolte, peu nombreux sont les Bordelais qui se lancent dans le commerce et la navigation, en dehors de quelques familles comme les Colom et les Calhau. Ce sont donc souvent des gens venus d'autres régions d'Aquitaine et des étrangers (Bretons, Normands, Anglais, etc.) qui arment les bateaux pour tirer profit eux aussi du vin. Première richesse de l'Aquitaine, le vin favorise le développement urbain de Bordeaux : vers 1327 est édifiée une nouvelle enceinte, nécessaire pour contenir les 30 000 habitants que compte la cité (un chiffre considérable pour l'époque). La prospérité des Bordelais se traduit également par la construction de maisons en pierres, les *oustaus* (hôtels), possédant généralement un jardin avec des treilles de vignes ; ces hôtels sont tout autant des établissements commerciaux que des demeures d'habitation.

Après la bataille de Castillon (1453), qui met un point final à l'histoire du duché anglo-gascon, Bordeaux se voit privée de son débouché favori. Pas pour très longtemps, car dès 1462 Louis XI a l'intelligence d'autoriser les navires britanniques à revenir dans le port de la Lune.

Du grand vignoble commercial aux crus

En dépit de ce retour, le fait marquant de la période suivante de l'histoire des vins de Bordeaux est l'ouverture, à la fin du XVIe siècle et au XVIIe, de nouveaux marchés, aux Pays-bas et dans les villes hanséatiques. Surtout demandeurs de vins blancs médiocres destinés à la distillation, les Hollandais ne marquent pas aussi profondément le Bordelais que les pays charentais. Mais ils inaugurèrent l'ère des innovations en favorisant la production de vins doux et en introduisant la stérilisation des barriques à l'aide de mèches de soufre.

Parallèlement, dès le début du XVIIe siècle, on voit apparaître les premiers commerçants étrangers (Flamands, Hanséates et Hollandais à l'époque) dans le faubourg des Chartreux, l'actuel quartier des Chartrons, hors les murs à l'époque. Ces innovations ne constituent pas en soi des facteurs de progrès qualitatifs ; mais elles habituent les Bordelais à produire d'autres vins que les "clarets" et elles leur apportent des outils qui permettront le bond en avant fait par la viticulture bordelaise au XVIIIe siècle et que prépare, au XVIIe, la découverte, sans doute plus ou mois consciente au début, de certaines potentialités des vignobles et vins de de Bordeaux.

Depuis le XVIe siècle la notion de qualité a commencé à progresser et à être associée à l'idée du terroir. Ainsi, Pierre de Brach fait l'éloge des graves, "dont les raisins pressés portent telle ambroisie" qu'aucun vin n'approche "en piquante douceur" la leur ! Bien sûr en son temps cette assertion relève toujours de la licence poétique ; à moins qu'elle ne soit la source d'où découle la réalité. Celle-ci prend corps vers le milieu du XVIIe siècle quand des propriétaires et des voyageurs observent que des vins produits sur des terroirs voisins mais de nature différente peuvent être distincts par leur caractère et leur qualité. Conscients de l'importance de l'identification "terroir-cru-grand vin", certains domaines, tels ceux des Pontac (Haut-Brion), commencent à personnaliser leur production et à en signaler l'origine par la mention : " vin du cru de M..." Parallèlement de nombreuses familles parlementaires ou bourgeoises (comme les Pichon, d'Aulède, Ségur ou Mulet, sans oublier bien sûr les Pontac) se lancent dans une politique d'achats fonciers, surtout dans les Graves, pour rassembler les meilleures terres dans leurs propriétés. Leur travail est suffisamment avancé quand, en 1677, John Locke visite le Bordelais pour que le philosophe puisse estimer que les vins de M. de Pontac (à Haut-Brion) sont les meilleurs de Bordeaux et pour qu'il puisse prendre le temps d'examiner le sol : "rien que du pur sable blanc, mélangé à un peu de gravier", apportant du même coup la première mention historiquement attestée du rôle du terroir sur la qualité du vin.

Autre nouveauté d'importance, sous l'influence, semble-t-il, du négoce anglais, la mise en bouteilles fait son apparition, de même que le vieillissement des vins. Au début, le vin vieux est surtout une curiosité que les propriétaires ou négociants réservent à leurs hôtes de marque, un peu comme le sont aujourd'hui en Roussillon les vieux *rancios* "de derrière les fagots." Mais, une fois encore, un événement politique va servir de stimulus pour mettre en marche le processus menant à l'avènement des grands crus et à la recherche systématique de la qualité.

La mutation débute par une crise. Victime du blocus maritime établi par les puissances de la ligue d'Augsbourg, en guerre avec la France, Bordeaux reste absente des marchés britanniques pendant une décennie à la fin du XVIIe siècle ; puis, en 1709, des froids exceptionnels détruisent une partie du vignoble.

Pour remonter la pente et se réimplanter en Grande Bretagne, où se fait sentir la concurrence du porto et des vins ibériques, les Bordelais choisissent l'innovation.

Grâce aux Hollandais ils ont été habitués à produire d'autres vins que les "clarets" et préparés ainsi au changement. Dans les premières décennies du XVIIIe siècle , la vinification progresse. Outre la stérilisation des tonneaux, diverses opérations font leur apparition ou se généralisent, comme l'ouillage, le soutirage ou le collage au blanc d'œuf, né vers 1730 et appelé à l'époque le fouettage. Toutes ces techniques permettent au vieillissement de cesser d'être une curiosité, voir un accident heureux, pour devenir un mode de traitement normal pour certains grands vins, notamment en Médoc. A la veille de la Révolution, ceux-ci connaissent le même élevage qu'aujourd'hui. Toutes ces innovations soulèvent une question qui reste une énigme : à qui les doit-on ? Au négoce anglais ? Aux négociants bordelais ? A des propriétaires ? En faveur des deux premiers penche la logique, qui fait remarquer que la mise en œuvre de ces techniques demande d'importants moyens financiers ; mais pour le dernier pèse un argument de poids, à savoir des traces écrites. Sans doute la vérité doit-elle résider entre les deux. Parallèlement on accorde de plus en plus d'importance à la sélection des cépages et apparaît la hiérarchie des crus, presque semblable dans ses grandes lignes aux classements actuels, tant officiels qu'officieux. Lorsqu'on consulte les "carnets" rédigés par Thomas Jefferson, lors de son séjour à bordeaux en 1787, on découvre que ses interlocuteurs lui explique qu'il existe un classement des vins, établi par les courtiers et négociants de la place. Dans la 1ere classe, il place Margaux, La tour de Ségur (Latour), Haut-Brion et le Château de la Fite ; dans la 2e, on trouve Rozan, Léoville, Larose, Quirouen, Durfort ; et dans la 3e, enfin, compte Mouton, Calon, Gassie, Arbouette, Pontette, de Terme, Candale.

Les méthodes commerciales changent elles-aussi ; présentant le triple avantage d'augmenter les bénéfices, de garantir l'origine et de bonifier les vins, la mise en bouteilles se développe, renforçant le rôle des négociants qui se transforment en négociants-éleveurs.

Avec ses grands noms mais aussi ses sans grade au rôle pourtant essentiel que sont les maîtres de chai, vignerons et tonneliers, c'est l'ensemble du monde viti-vinicole qui tend à prendre son visage futur. L'âge des Lumières voit apparaître quelques-uns des plus grands noms de la place de Bordeaux. En 1725, Thomas Barton, le "French Tom", quitte son Irlande natale pour fonder une maison de commerce sur les bords de la Garonne avant de s'associer, en 1802, avec Daniel Guestier ; neuf ans plus tard, c'est au tour d'un Ecossais, William Johnston, de se lancer dans l'aventure ; en 1739, Jacques Schröder et Jean-Marie Schÿler s'installent quai des Chartrons. A côté de la production et du négoce, une troisième composante de l'univers du vin, le courtage, se met en place et trouve quelques-unes de ses têtes de file au XVIIIe siècle. En 1739 Abraham Lawton vient s'établir à Bordeaux. Quoiqu'appartenant à une ancienne famille anglaise, il est originaire de Cork, le port irlandais spécialisé dans l'importation des vins de Bordeaux. En 1783, Elie-Edouard Miailhe, membre d'une vieille famille bourgeoise de Portets reçoit ses lettres patentes.

Le XVIIIe siècle voit aussi une transformation de certains paysages bordelais. Quelques riches propriétaires se font construire de belles demeures au milieu de leurs domaines.

Mais, à la fin de l'Ancien Régime, les nuages s'amoncellent sur le vignoble bordelais : en 1776 un édit de Turgot met un terme aux privilèges de Bordeaux, en autorisant les vins du haut-pays d'être embarqués avant la Saint-Martin ; de 1778 à 1787 les prix se tassent puis des mauvaises récoltes entraînent une baisse en volume des exportations. Le port de la Lune, cesse d'être avant tout un port du vin pour devenir un port colonial ; et la ville donne l'impression de s'éloigner de son arrière pays. Loin de rétablir la situation, la Révolution et les guerres de l'Empire accentuent la chute des exportations. La révolution transforme aussi les structures de production et de commercialisation. Aux confiscations de domaines, religieux ou nobiliaires, s'ajoutent la suspicion dont font l'objet, pendant la Terreur, les négociants d'origine étrangère.

Toutefois, si des grandes propriétés ont changé de mains, comme le note Philippe Roudié, la situation générale du vignoble en 1815 n'est pas "fondamentalement différente de ce qu'elle était à la fin du XVIIIe siècle, sur le plan des techniques et de l'économie viticole." De plus, le renom de Bordeaux et la qualité de ses vins n'ont pas souffert, même outre Manche.

LIBRE-ECHANGE ET JOUALLES, L'ESSOR DU SECOND EMPIRE

Aussi, avec le retour de la paix et la Restauration les clients traditionnels retrouvent le chemin du port de la Lune. Cependant le redressement n'est pas encore complètement achevé quand apparaît, en 1851 et 1852, l'oïdium (champignon parasite). La crise est sérieuse. Toutefois elle est assez vite enrayée et elle aura même un effet positif en Sauternais : le sémillon résistant mieux à la maladie que les autres cépages blancs, toute la région va développer la production des liquoreux, jusque là limitée aux seuls grands châteaux du fait des risques qu'entraînent les vendanges tardives et du coût d'une production aux faibles rendements. L'oïdium n'empêche donc pas le vignoble bordelais de profiter des atouts que lui apportent le chemin de fer et le libre-échange. Dès 1852 la liaison ferroviaire est établie avec Paris. Elle permet à Bordeaux de supplanter les vignobles indigènes dans le nord de la France et à Libourne de se spécialiser dans la vente directe aux consommateurs. Les exportations, elles, bénéficient des traités de commerce signés par Napoléon III. L'essor viticole est aussi favorisé par l'amélioration des méthodes d'exploitation ; tour à tour se sont ajoutés : le drainage des sols, les fumures, les engrais, le fil de fer (avec le fil de fer galvanisé et les raidisseurs) et enfin l'amélioration de la taille (avec le docteur Guyot sous le Second Empire) ; si bien que la première moitié du XIXe siècle apparaît comme l'époque d'une véritable révolution technique qu'ont soutenue de nombreuses publications dont le *Journal des Connaissances utiles*. Enfin, le développement du négoce, qui est le grand moteur de l'essor, renforce la place de Bordeaux. Aux noms apparus à l'époque précédente le XIXe siècle ajoutent ceux de : Calvet (siège transféré de Tain à Bordeaux en 1849), Cruse (1819), Chantecaille (1840), Delor (1864), Descas (1861), Eschenauer (1821), Hanappier (1817), Kressmann (1871), De Luze (1820)... Anciens ou nouveaux, nombreux sont les négociants

Cépage rouge caractéristique des terroirs de graves, le cabernet est un lointain descendant de la bitúrica, *qui a donné naissance au vignoble bordelais à l'époque romaine.*

Cépage blanc majoritaire en Sauternais, le sémillon s'est développé au milieu du XIXe siècle, en raison de sa résistance à l'oïdium.

qui investissent dans la terre, notamment en Médoc. La presqu'île n'attire pas seulement les capitaux bordelais mais aussi les placements parisiens en quête de la bonne affaire à réaliser. Le reste de la Gironde demeure sage. Toutefois les sauternes jouissent également d'une cote extraordinaire. Les liquoreux, dont la production se généralise, trouvent des marchés en or dans les cours royales de Russie et d'Europe du nord. Mais, à la différence du Médoc, cet essor, loin de déboucher sur des spéculations foncières, aboutit à restaurer en Sauternais une véritable "société d'Ancien Régime", avec de grandes familles nobles qui reprennent à leur compte l'exploitation de leurs propriétés. La vogue des médoc et des sauternes les fait choisir pour représenter la Gironde à l'exposition de 1855. Sous le contrôle de la Chambre de Commerce de Bordeaux - ce qui peut expliquer l'absence du Libournais - les courtiers établissent une sélection des crus qui va devenir la première hiérarchisation officielle des vins de Bordeaux, connue sous le nom de classement de 1855 ou Impérial.

DU PHYLLOXERA A L'AGE MEDIATIQUE

La prospérité incite les Girondins à planter ; d'autant plus que le système des "joualles" (association de plantes d'assolement, céréales ou légumes, à des vignes aux rangs espacés) permet d'éviter les inconvénients de la monoculture. De 1830 à 1875 la superficie du vignoble bordelais passe de 135 000 ha à 188 000 ; et l'extension se prolonge jusqu'au début des années 1880. Mais un quart de siècle plus tard, en 1907, elle est retombée à 137 000 et diminue encore pour arriver à 125 000 en 1936. Les chiffres parlent d'eux-mêmes. Le vignoble bordelais traverse une longue crise chevauchant les XIXe et XXe siècles. Les causes en sont multiples. Mais la faute première en revient au phylloxéra, petit insecte qui fait son apparition entre 1865 et 1869 avant de se répandre partout entre 1880 et 1890. Non content de détruire les vignes, il ne laisse aux hommes qu'une seule parade : replanter avec des greffages de plants américains. La solution est efficace mais elle introduit une autre maladie venue d'outre Atlantique : le mildiou. Face à ce champignon parasite le botaniste Millardet et l'œnologue Ulysse Gayon trouvent le remède : un mélange de sulfate de cuivre et chaux, connu sous le nom de "bouillie bordelaise". Mais le phylloxéra a eu d'autres effets plus durs à combattre, car tenant aux comportements. A commencer par la fraude. Comme il faut quand même vendre du vin, certains compensent la baisse de production par des importations. Ils prennent goût à ces pratiques et croient tourner la loi en proposant des "médauc" ou des "barjac". Le prestige des vins de Bordeaux en souffre. Ce qui ne contribue pas à enrayer la baisse des prix qui frappe le marché au début du XXe siècle, sous l'effet d'une surproduction engendrée par des récoltes record. D'autres insectes, dont la cochylis, les rétorsions aux tarifs protectionnistes de la IIIe République, la Révolution russe, la prohibition et la crise de 1929 se mettant de la partie, les vignes deviennent une charge. Durant l'entre-deux-guerres il existe "trois façons de se ruiner : une danseuse, un cheval de course ou un château en Médoc." On voit des propriétaires de grands crus planter des pommes de terre dans leur parc ou faire venir toute la famille pour les vendanges afin d'économiser quelques vendangeurs. Jean-Paul Gardère, qui deviendra ensuite directeur de Latour, se souvient que lors des vendanges, si, "au château Beaumont, on mangeait encore du bouilli, on n'en mangeait plus guère chez les petits propriétaires à partir de 1932-1933 ; et c'était le plus souvent les produits de la ferme, car le boucher refusait de fournir de la viande, n'étant pas payé parfois depuis deux ou trois ans... On nous payait, le plus souvent, en barriques de piquettes ou de vin que l'on transportait clandestinement la nuit." Plus loin, à propos des années 1934-1935, il écrit : "On vit chichement. On travaille sa vigne et on essaie de faire quelques journées dans les châteaux voisins. On a deux ou trois vaches, un cochon ; on fait des pommes de terre ; on coupe des pins quand on en a... on pêche la pibale ; on va aux cèpes ; on vit comme on peut en attendant que ça passe" (témoignage écrit, cité par R. Pijassou). Seuls les Sauternais sont épargnés grâce à la forêt. Face à cette "destinée injurieuse" les Bordelais ne restent pas sans réaction. L'une des plus originales est sans doute la spectaculaire fête des vendanges organisée à Bordeaux en 1909 pour "réhabiliter le vin". Moins voyante mais plus importante pour l'avenir a été, en 1884, la création du Syndicat viticole de Saint-Emilion. Précurseurs, les Saint-Emilionnais le sont encore en 1931 avec la naissance de la première cave coopérative de Gironde. Jouant la carte de la solidarité et de la qualité, la coopération est l'une des principales réponses apportées au défi de la crise. Mais pas la seule. En 1931 le Comité Départemental des Vins de Bordeaux voit le jour. Quatre ans plus tard le système des Appellations d'Origine Contrôlée rentre en vigueur, sous l'influence d'un Girondin d'origine provençale et languedocienne, Joseph Capus. Enfin à la Libération, le C.D.V.B. cède la place au Conseil Interprofessionnel des Vins de Bordeaux.

L'effort porte ses fruits après la Seconde Guerre mondiale. Ou plus exactement après les gelées de 1956 qui détruisent une partie importante du vignoble. Tous les producteurs ne replantant pas, la production baisse, amorçant une hausse des prix qui va permettre aux viticulteurs de moderniser leurs exploitations. Signe des temps, le chai perd ses toiles d'araignée pour prendre des airs de laboratoires par sa propreté. Le folklore y perd mais pas la qualité. Dans les années 1960 un personnage nouveau apparaît : l'oenologue. Intervenant comme médecin en cas d'accident de vinification, celui-ci est d'abord perçu parfois avec une certaine méfiance. C'est l'époque du "chimiste" qui passe dans les propriétés en examinant le vin avec un "thermomètre". Mais par la suite il devient un conseiller technique permanent. C'est grâce à lui que sont diffusées les découvertes des chercheurs universitaires, notamment la maîtrise de la fermentation malolactique, obtenue quelques années auparavant par Jean Ribéreau Gayon et Emile Peynaud. L'arrivée de l'œnologue aurait pu conduire à une uniformisation des crus. Mais ce risque est évité par l'évolution des pratiques commerciales, avec le développement de la mise en bouteille au château et de la vente directe qui encouragent la personnalisation des vins.

Un moment secoués par la crise de 1974, jugulée grâce à l'action des professionnels entraînés par le président du C.I.V.B., Jean-Paul Jauffret, les vignobles de Bordeaux entrent, au cours des années 1970, dans une période faste, pour ne pas dire fastueuse. Objet de spéculation, œuvre d'art, le vin se transforme en un fait de société. Dans les "dîners en ville" il prend la place centrale ; le

Au cœur d'un territoire exceptionnel par son nombre de galets, le château Margaux et ses dépendances offrent l'exemple le plus achevé de ''château du vin''.

A la fin de l'automne et en hiver les vignerons ne ''chôment'' pas ; il leur faut ''tomber les bois'', c'est-à-dire couper les sarments, qui sont brûlés dans une brouette spéciale.

menu est composé autour de lui quand il ne devient pas pas le principal sujet de conversation. Passer un week-end dans un château du vin bordelais figure parmi les *must* du tourisme haut de gamme et de la vie mondaine. Mérité quand on regarde le niveau qualitatif auquel sont parvenus de nombreux crus et les très beaux millésimes qui ont marqué les années ''80'', ce succès permet au vignoble bordelais de se donner une nouvelle jeunesse ; l'esprit d'innovation gagne tout le Bordelais : les importants travaux de recherche entrepris depuis plusieurs décennies par les oenologues de l'université de Bordeaux trouvent leur application dans tous les vignobles girondins ; de nombreuses propriétés s'équipent de nouveaux chais à l'architecture ambitieuse, le plus célèbre étant celui, circulaire, dessiné par Ricardo Bofill pour Lafite, et, surtout, elles se dotent de tous les moyens techniques nécessaires pour garantir un optimum qualitatif. Mais comme tous les apogées, celui du vin n'a pas que des effets positifs. Il fait notamment oublier les risques que fait peser sur le marché des vins de Bordeaux la fragilité du négoce. Celle-ci est pourtant mise en relief, en 1980, par le géographe et informaticien Louis Breton. Son travail montre en effet comment l'ensemble du marché est déterminé par la capacité financière du négoce qui est elle-même directement conditionnée par les cours pratiqués deux ans auparavant, la plupart des maisons manquant de moyens financiers et de modernisme dans leur gestion, en raison, selon des études de la Banque de France, de mauvais choix stratégiques dans les années 1960. Personne ne s'émeut vraiment quand cette fragilité, que traduit l'absence de marques commerciales, est encore accentuée par l'intégration de plusieurs firmes importantes au sein de groupes, nationaux ou internationaux, ne possédant aucune attache régionale.

On pourrait même être tenté de rapprocher cet affaiblissement du négoce de la baisse des prix qui s'abat sur le Bordelais en 1992 et de voir dans cette dernière un signe inquiétant pour l'avenir du vignoble bordelais. De fait, la crise est sérieuse comme l'illustre, en 1993, la vente de 94% de château Latour pour 690 millions de francs par le groupe britannique Allied Lyons qui en avait acheté six ans plus tôt 74% pour 800 millions. Spectaculaire, inquiétante, voire dans certains cas dramatique pour des petits propriétaires ayant dû s'endetter pour équiper leurs exploitations, cette baisse ne doit pas cependant effacer le fait que la résistance à la crise soit très supérieure à Bordeaux que dans les autres régions viticoles. La Gironde est touchée plus tard et par ricochet (à cause de l'effondrement des prix chez certains de ses concurrentes). De plus, à long terme, cette déflation ne présente pas que des inconvénients, car, servant le consommateur, elle peut amener ou ramener vers les vins de Bordeaux, notamment vers les grands crus, d'authentiques amateurs qui en restaient jusque là éloignés pour des raisons financières.

LES CLASSEMENTS

L'une des particularités qu'a léguées l'histoire aux vins de Bordeaux est leurs classements. S'il n'existe pas un classement général, concernant l'ensemble du Bordelais, plusieurs appellations, et non des moindres : Médoc, Sauternes, Graves et Saint-Emilion, possèdent un classement spécifique, instaurant une hiérarchie entre leurs meilleurs crus. Etabli en fonction de la qualité de leur production, ce palmarès reflète la qualité des terroirs des différentes propriétés. C'est pourquoi ces classements, qui revêtent un caractère officiel, ont une grande influence sur la notoriété des exploitations et, partant, sur leur valeur financière.

DEPUIS 250 ANS

La préoccupation de classer les propriétés par ordre de valeur apparaît vers le milieu du XVIIIe siècle, comme l'indiquent les registres du courtier Abraham Lawton. Notant les prix pratiqués sur le marché, il arrive à une triple hiérarchie : régionale, par paroisses et par crus. Pour la première, le Médoc arrive en tête ; et, à l'intérieur de l'ensemble médocain, c'est Margaux qui occupe la position d'honneur, suivie par Pauillac et Saint-Julien. En revanche, par crus, Haut-Brion occupe la place d'honneur, suivi par les châteaux Margaux et Lafite, qui précèdent de peu Latour, classé comme eux premier cru. Léoville vient ensuite, en tête des seconds. Par la suite de nombreuses autres classifications vont suivre, parmi lesquelles il convient de privilégier celle de Jefferson et celle de 1815 du bureau Lawton.

En 1787, l'ordre des crus est suffisamment arrêté et connu pour que Thomas Jefferson puisse enregistrer sur ses carnets le classement établi par les courtiers bordelais, avec : dans la première classe, Margaux, La Tour (de Ségur à l'époque), Haut-Brion et le château de la Fite ; dans la seconde, Rozan, Léoville, Larose, Quirouen et Durfort ; dans la troisième, Mouton, Calon, Gassie,

39

Etiquettes de différentes époques : château Gravas 1988, du Cros 1876, de Pic 1989, Mouton Rothschild 1959, La Tour Blanche 1986, Tour de Mirambeau 1990, Saint-Robert 1987, d'Angludet (des années 50 et 1981), Palmer 1985, L'Angélus (des années 1959).

Ci-contre, pressoir ancien conservé au Musée d'Aquitaine à Bordeaux.

Arbouette, Pontette (Pontet-Canet), de Terme et Candale.

S'intéressant également aux blancs, il note que "ceux produits dans le canton des Graves (Pessac-Léognan) sont les plus estimés à Bordeaux", et après "viennent ceux produits dans trois paroisses... qui sont les plus estimés à Paris : 1 Sauternes... 2 Prignac (Preignac)... 3 Barsac... Sauternes est le plus agréable". Parmi tous ces vins blancs, il note que les meilleurs sont ceux des Pontac (Haut-Brion), de l'abbaye bénédictine de Carbonius (Carbonnieux) et de M. Diquem (Yquem).

Le classement que l'on retrouve, en 1815, dans les archives des Lawton est lui beaucoup plus complet et particulièrement instructif, comme le montrera cet extrait :

"... Dans chaque paroisse se trouvent plusieurs propriétaires. Tous font un vin qui diffère du plus ou moins en qualité. L'expérience nous a appris à les classer. Nous éprouvons tous les ans parmi ceux que nous mettons dans la même ligne que tantôt les uns, tantôt les autres réussissent mieux. Il est rare cependant que la différence soit bien marquante. Elle se borne en général à une préférence à donner et, pour ce faire, une grande habitude est nécessaire.

Nos meilleurs vins rouges sont incontestablement produits par le Médoc Nos vins, là, se distinguent (lorsque bien réussis) par une sève toute particulière. Les bons graves offrent bien aussi de la sève, mais jamais elle ne se développe autant que dans le Médoc. La sève ne peut acquérir toute sa perfection qu'avec un vin moelleux et cette dernière qualité ne caractérise point nos Graves.

Nos côtes et palus offrent à peu près un même genre de vin. Plus de noblesse cependant dans les palus. Les premières qualités de ces espèces ont bien aussi un genre de sève qu'elles acquièrent quelquefois en vieillissant. Mais cette sève se ressent toujours de la grossièreté. Le principal mérite de ces vins est la couleur et la plénitude...

... Saint-Emilion est une côte de l'autre côté de la ville de Libourne et qui offre un vin qui retire beaucoup de la nature de celui de nos Graves. Il possède quelque chose de plus délié dans le goût mais par contre ne porte point la sève qui caractérise l'autre."

Plus loin, il explique comment :

"Chaque année nous offre un vin différent Tantôt c'est une qualité qui le distingue principalement, tantôt c'est une autre. Il est rare que toutes se trouvent dans leur perfection... Il faut observer que ce n'est principalement que parmi les grands vins, vins fins et bons vins que nous pouvons faire ces distinctions. Plus les vins tombent dans l'ordinaire, plus ils peuvent avoir de rapports dans deux années différentes."

Il se livre aussi à une étude paroisse par paroisse qui est d'une grande précision, comme le montre l'exemple de Margaux :

"La nature des vins de Margaux est de réunir à une sève élégante de la couleur, fermeté et consistance. Ce sont sans contredit de grands et bons vins et leur fermeté, que quelquefois on pourrait appeler dureté, est ce qui forme leur différence avec ceux de Saint-Julien et Pauillac qui, et principalement les Saint-Julien, portent plus de moelleux et de suave.

Dans Margaux se trouvent un premier cru et plusieurs seconds. Le premier cru est le Château. Les autres premiers du Médoc sont Latour, à Saint-Mambert, et Lafite, à Pauillac. Des trois, Lafite est ordinairement le plus léger en goût et couleur, mais d'une sève conséquemment plus fine et plus perçante. Latour est le plus coloré, plein et corsé de tous, et ce robuste nuit naturellement au développement de sa sève qui se fait plus tard, et quand elle le fait, est plus nourrie mais moins élégante. Château-Margaux tient le milieu et, au lieu du plein tirant un peu sur le mou de Latour, joint à une sève distinguée de la fermeté qui prononce cette sève plus forte que celle de Lafite, mais, par contre, moins légère, aimable et élégante...

Les seconds crus sont Rausan (Ségla), Chevalier (Rauzan Gassies), Lascombe, Montalembert (Durfort-Vivens) et Monbrison. Le même caractéristique que celui mentionné pour le Château doit distinguer ces vins des autres seconds crus à Saint-Julien et Pauillac. Mais comme le Château, ces vins aussi depuis quelques années ne se sont pas montrés dans leur véritable caractère. Entre eux, Montbrison est celui qui porte le plus de grossier, Lascombe le plus d'élégance. Rauzan a plus de fermeté que Lascombe. Chevalier et Montalembert ont à peu près la même nature. Margaux ne possède point de troisième cru ; mais les cinq suivants, savoir Roborel (Malescot), Loyac, La Colonie, Dalème et Ferrière forment une classe supérieure aux autres restants Sur ces cinq, Roborel généralement a une préférence marquée.''

LE CLASSEMENT IMPERIAL

Notes de voyage, registres à usage interne, tous ces classements demeurent officieux, voire confidentiels. Il n'en va pas de même pour celui de 1855, rédigé à l'instigation de la Chambre de Commerce pour la représentation des vins de Bordeaux à l'Exposition universelle que Napoléon III organise à Paris, afin de mettre en lumière les grandes réalisations françaises. La Chambre est chargée d'effectuer une sélection de vins à présenter. Aussi, elle demande aux courtiers de dresser ''la liste bien exacte et complète des crus classés''. Et le 18 avril 1855 elle reçoit une proposition comprenant deux listes ; − l'une pour les vins rouges avec 58 noms de crus, tous médocains sauf Haut-Brion, dont quatre premiers, 12 seconds, 14 troisièmes, 11 quatrièmes et 17 cinquièmes ; − l'autre pour les blancs avec 21 noms dont un premier cru supérieur, neuf premiers et 11 seconds, tous situés en Sauternais (appellations Sauternes et Barsac).

Par la suite se classement ne variera guère. Certes un nouveau classement va être proposé, en 1961, pour le Médoc ; mais il ne sera pas officialisé pour diverses raisons. Il donne cependant une bonne photographie de la situation du vignoble à l'époque et montre la progression de certains crus dotés d'un beau terroir mais ayant provisoirement disparu en 1855, comme Angludet, reconstitué par la suite. Notons qu'il simplifie la situation en ramenant à trois les cinq anciens groupes, avec : les premiers grands crus classés exceptionnels : Lafite, Latour, Margaux, Mouton ; les premiers grands crus classés : Beychevelle, Brane-Cantenac, Calon-Ségur, Cantemerle, Cos d'Estournel, Ducru Beaucaillou, Gruaud Larose, Lascombes, Léoville Barton, Léoville Las cases, Léoville Poyferré, Lynch Bages, Malescot Saint-Exupéry, Montrose, Palmer, Pichon Longue-

Etrange par son architecture, le château Cos d'Estournel l'est plus encore par sa fonction : il n'abrite pas une demeure mais un chai.

Grappe de merlot, cépage rouge majoritaire dans de nombreuses régions dont le Libour-nais.

Muscadelle, cépage blanc complémentaire du sémillon et du sauvignon (photos P. Cro-nenberger/C.I.V.B.) .

ville, Pichon Longueville Comtesse de Lalande, Pontet-Canet, Rausan-Ségla, Rauzan-Gassies, Talbot ; les grands crus classés : Batailley, Bel Air Marquis d'Aligre, Boyd Cantenac, Branaire Ducru, Cantenac Brown, Chasse Spleen, Cos Labory, Duhart Milon ,Dutruch Grand Poujeaux, Giscours, Gloria, Grand Puy Ducasse, Grand Puy Lacoste, Gressier Grand Poujeaux, Haut Batailley, Issan, Kirwan, Labégorce, La Lagune, Lanessan, Langoa Barton, La Tour de Mons, Prieuré Lichine, Marquis de Terme, Meyney, Mouton Baron Philippe, de Pez, Phélan Ségur, Poujeaux, Siran.

Seul le passage de Mouton Rothschild de second cru classé à premier sera consacré en 1973. Les deux classements (Médoc et Sauternes) restent donc inchangés, et les listes actuelles, que l'on trouvera dans la seconde partie du livre, correspondent à celles publiées en 1855, à l'exception de certains partages de propriétés.

L'EXTENSION APRES LA SECONDE GUERRE MONDIALE

Après la Seconde Guerre mondiale, l'idée de classement, qui avait pas reculé pendant les crises, revient à l'ordre du jour. Elle est perçue comme un facteur d'amélioration de la qualité et de promotion, pour les vins concernés comme pour leurs appellations. Dès 1953, 12 crus des Graves rejoignent Haut-Brion pour former le classement des vins rouges des Graves ; puis, en 1959, huit sont classés pour leur vin blanc. Il est à noter que tous les crus classés se trouvent dans ce que l'on appelle alors les Hautes Graves (l'actuelle appellation de Pessac-Léognan).

A Saint-Emilion, la mise en place d'une classification aboutit, en 1955, à la publication d'une liste comprenant 12 premiers grands crus (dont deux A, Ausone et Cheval Blanc, et 10 B) et 63 grands crus. Mais là n'est pas la principale originalité saint-émilionnaise. C'est d'avoir choisi la voie, délicate mais courageuse, de la révision régulière. La première, en 1969, se traduit par une augmentation du nombre de grands crus (71). La seconde, en 1985, est plus douloureuse : les premiers grands crus passent de 12 à 11 (avec toujours deux A) et les grands crus redescendent à 63 (voir la liste dans la seconde partie).

Après avoir ouvert la voie des classements, le Médoc consacre un usage ancien en distinguant, à côté des crus classés, un second groupe, celui des crus bourgeois. Ceux-ci font l'objet d'un classement en 1932. Etabli très sérieusement par un groupe de courtiers, il comporte trois sous-groupes : crus bourgeois supérieurs exceptionnels, crus bourgeois supérieurs et crus bourgeois. Après la guerre de nouvelles classifications vont voir le jour (grands bourgeois exceptionnels, grands bourgeois et bourgeois) mais la réglementation européenne n'autorise que la mention ''cru bourgeois''.

Aujourd'hui l'extension à d'autres régions de la dénomination de cru bourgeois est très controversée et il ne semble pas qu'un nouveau développement des classements soit à l'ordre du jour, l'appellation qui pourrait y prétendre le plus, Pomerol, y étant hostile pour ne pas troubler l'entente régnant sur la commune.

46

LA CIVILISATION DE LA VIGNE ET DU VIN

"Produit" de luxe ayant acquis une renommée mondiale, le vin a servi de support à une civilisation originale, dont l'exemple bordelais est considéré souvent comme le modèle le plus achevé. Comme pour les autres aspects du monde rural, son observation ne doit pas se limiter à l'époque actuelle ou à une seule période historique ; toutefois les décennies du milieu du XIXe siècle, de 1860 à 1880, constituent un temps privilégié pour son appréhension. De fait, même si elle n'a jamais cessé d'évoluer, c'est sous le Second Empire qu'elle connaît son dernier apogée dans sa forme "traditionnelle".

LES OUTILS DU VIGNERON

Derrière son apparente simplicité, l'outillage, utilisé à l'époque, témoigne du degré de sophistication auquel est parvenu le métier de vigneron. A chaque travail correspond un outil précis dont la forme résulte d'un savoir-faire et d'une observation pluri-séculaires. Ainsi pour la taille, travail déjà perçu comme essentiel, il dispose d'une serpe très étudiée dont le croc tranche les sarments les plus fragiles (d'un coup porté de bas en haut), tandis qu'une contre-lame sert pour les bois plus larges et plus résistants. D'une efficacité prouvée, cet outil mettra longtemps à céder sa place d'abord, au cours des dernières décennies du XIXe siècle, au serpo-sécateur puis au sécateur actuel (après l'intervention de l'inspection du travail, pour des raisons non pas d'efficacité de l'outil mais de sécurité).

Si certains instruments traditionnels voient leur forme évoluer au cours des siècles, d'autres, en revanche, restent quasiment inchangés depuis l'Antiquité, notamment les serpes à vendanger, dont les modèles gallo-romains découverts à la villa du Barat, pourraient appartenir à la panoplie du vigneron du XIXe siècle. Faisant bien peu de cas de la chronologie, elles y côtoieraient le soufflet à soufre, mis au point en 1857 par le comte de La Vergne, qui a découvert quelques années

La machine n'a pas remplacé entièrement les vendanges manuelles ; dans de nombreuses circonstances, l'expérience du vendangeur demeure indispensable pour trier les grappes.

Ci-contre déversement de la hotte dans les douils que le tracteur va amener au cuvier.

plus tôt que les pulvérisations de soufre sont le meilleur remède contre l'oïdium.

UNE AFFAIRE DE "NEZ"

Comme ceux du vigneron, les outils, instruments et machines du maître de chai peuvent être hérités d'un long passé ou inventés très récemment. Mais derrière son grand tablier de coton bleu, l'homme de l'art doit toujours compter avant tout sur son expérience et ses dons naturels pour faire le vin. Beaucoup sont d'ailleurs des personnages dotés d'une très forte personnalité. Philippine de Rothschild aime à raconter comment, alors qu'elle était enfant, elle a été fortement impressionnée par Albert Blondin (maître de chai de Mouton) : "Albert a été un maître de chai de génie. C'était encore une époque où le vin se faisait avec le nez, le corps et les mains ; en tâtant les raisins pour décider ou non de la vendange. Tout était une question de sensibilité... Avec ses petites lunettes, lui qui était un homme de la terre avait l'air d'un professeur de faculté ; on sentait quelqu'un qui avait beaucoup pensé."

Maître de chai, régisseur, propriétaire, quel qu'il soit, le responsable qui doit choisir le jour du démarrage de la récolte a droit à plus d'une nuit blanche. Singulièrement en Sauternais où, du fait des vendanges tardives, le risque est encore plus grand. c'est au fond la signification réelle de la fameuse anecdote expliquant l'origine du vin de Sauternes : en 1847, le marquis de Bertrand de Lur-Saluces, chassant en Russie, tarde à rentrer ; personne n'ose prendre la décision de vendanger ; quand il arrive, le vignoble est atteint par le *botrytis*, mais on récolte malgré tout les raisins qui donnent un vin doux, particulièrement savoureux ; grâce à cette découverte, on ne peut plus fortuite, Yquem, qui a produit jusque là plus de rouge que de blanc, se convertit au vin liquoreux. L'histoire est séduisante et serait convaincante si l'on ne trouvait exactement le même récit dans d'autres crus, dont Suduiraut, mais avec un autre personnage (une "Dame de Suduiraut") et à une autre époque, le XVIIIe siècle.

LES VENDANGES

Temps à part dans la vie du vignoble et des vignerons, les vendanges le sont également par l'ampleur des préparatifs. Longtemps avant qu'elles ne débutent le matériel est préparé, voire réparé si nécessaire ; une attention toute particulière est portée au pressoir, et le cuvier fait l'objet d'une inspection sévère. La période qui précède les vendanges est celle des foires ("assemblades") où s'achètent le bétail et le matériel agricole ; les Médocains, par exemple, se retrouvent à Saint-Estèphe, le 8 septembre avec la foire de Notre-Dame de La Capère, où les retrouvent les gens du Blayais, qui traversent l'estuaire pour l'occasion, et à Saint-Laurent, le 26 août autour de la fontaine de Bernos. Très importante cette dernière, qui est à la fois un marché, un pèlerinage et une fête foraine, avec un cirque, dure trois jours ; on y vient de tout le Médoc avec le traditionnel *bros* (char à bœuf), qui sert de lit à ceux qui ne possèdent pas de tente.

Acte collectif, la vendange ne débutait sous l'Ancien Régime que lorsque le "ban" était proclamé par les autorités. Une tradition qu'évoque chaque année à Saint-Emilion la Jurade. Malgré la mécanisation, les vendanges continuent d'apporter une animation inhabituelle dans le vignoble. Ainsi, à côté du château Haut-Sarpe à Saint-Emilion, il existe un vrai petit village qui compense le fait qu'il ne soit occupé que pendant les vendanges, par son effervescence à cette période de l'année, avec même une discothèque : le "Glou-Glou". Toutefois la marque des vendanges sur la vie girondine est aujourd'hui beaucoup plus modeste qu'autrefois. Avec la multiplication des machines à vendanger, les abords des gares bordelaises et du département ont perdu leur visage de "foires" aux vendangeurs et le rituel de la soupe de vendange est souvent oublié. Avant la Seconde Guerre mondiale, et même dans les années 50, aucun propriétaire n'aurait manqué à son devoir d'être le premier à goûter le bouillon qui cuisait dans les chaudrons en cuivre et, surtout, de faire *chabrot* ou *chabrol* à la fin. Personne n'aurait oublié non plus de clôturer le travail par la fête des "acabailles" (du gascon *qu'es acabat*, c'est achevé) qu'a dépeinte Jean Balde dans *La maison au bord du fleuve*) : "On faisait le vin à la vieille mode. Une équipe peinant sur une longue barre tournait avec effort la vis du pressoir, le marc fraîchement recoupé se couvrait d'une sueur vineuse et fondait peu à peu en ruisseaux rouges. Comme pour une fête païenne, on remplissait de grandes comportes avant d'aller manger le dîner rituel : soupe de viande et gigot à l'ail, bien accompagné de haricots."

Ailleurs, en Médoc, le repas comportera une oie, le mets festif par excellence et se nommera l'*aucat* (l'oison). Mais partout il marque l'importance socioculturelle comme économique de la vendange, avec, souvent, comme temps fort, le moment où une jeune fille remet au propriétaire un bouquet de fleurs rappelant celui de la dernière charge de raisins amenée au cuvier.

Si aujourd'hui leur folklore disparaît, les vendanges ont laissé au Bordelais un héritage culturel non négligeable. De toutes les scènes de la vie du vigneron, elle est sans conteste celle qui a le plus inspiré les artistes et les écrivains, qu'ils soient de langue d'oïl ou d'oc, comme le Médocain Th. Blanc qui publie en 1869 ce poème dans l'*Armanac Bourdélés* :

"Quaou tapatche ! *Chacun cride*
Saou matin, *Saou garey,*
Lou bilatche *Chacun bide*
Es en brin : *saou paney ;*
Tout saoutille, *Puey la Brégne*
Se tourtille, *Ba s'estrégne*
S'esparpille, *E s'émprégne*
Saou Camin. *Saou cubey.*

... *Tout : tendresse*
A la bigne ; *Ride, trin,*
Léou s'abat *Folle ibrésse,*
Lou bouil digne *Chan, éntrin,*
D'un sabbat : *Déns la toune*
Touts se grouillen, *Fume, roune*
Touts se brouillen, *S'assésoune*
Gai coumbat ! *Dam lou bin."*

Le jus de raisin devient du vin : moût extrait de la cuve pendant sa fermentation.

Ci-contre, l'égrappage, première étape de la vinification n'est pas obligatoire mais elle améliore la qualité, aussi est-elle pratiquée dans une grande majorité de crus comme ici au château de Taste dans les Côtes de Bourg.

Quel tapage ! Ce matin Le village est en fête : Tout sautille, Se tortille, S'éparpille Sur le chemin.

...

Sur la vigne Soudain s'abat La nuée digne D'un sabbat : Tous accourent, Tous s'agitent, Se barbouillent... Gai combat !

Chacun crie Sur le guéret, Chacun vide Son panier ; Puis la vendange Part se fouler Et se presser Dans le cuvier.

Tout : tendresse, Rire, gaieté, Folle ivresse, Chant, entrain, Dans la cuve Fume, gronde, S'assaisonne Avec le vin. (cité par A. Viaut *Récits et contes populaires du Bordelais*).

Moment de joie que saisissent le poète et l'artiste, tel Clément Boulanger qui peint les Vendanges en Médoc (conservé au Musée des Beaux-Arts de Bordeaux), les vendanges sont aussi pour les viticulteurs et vignerons le temps de l'inquiétude. Comme l'affirme le proverbe : *"Lo* (lou) *païsan sap en octobre* (ouctobre) *se la vinha a pagat son* (soun) *obra"* (le paysan sait en octobre si la vigne a payé son travail). Sans avoir lu Virgile, chacun sait d'expérience qu'il faut vendanger "le dernier" pour avoir un raisin à parfaite maturité et obtenir le meilleur vin. Mais cela implique le risque de perdre la récolte, emportée par un orage, voire, pour les vendanges tardives, par un coup de gel. Renouvelée chaque année, cette attente fébrile, ignore les classes sociales et les fortunes ; propriétaires, régisseurs, vignerons, maîtres de chai ou simples ouvriers, tous ceux qui vivent et travail sur le domaine savent que leur avenir peut être marqué par l'issue de la récolte et qu'il en va de même pour leurs confrères des autres propriétés. Il est difficile de savoir quel est l'impact, tant psychologique que politique, sur la société viti-vinicole bordelaise. Mais il y a fort à parier pour qu'il soit important.

DE L'ECHOPPE A LA CUISINE, DEUX TEMOINS D'UNE RURALITE DIFFERENTE

Scrutant le ciel pendant les vendanges et l'observant tout au long de l'année, le vigneron est bien un agriculteur. Mais pas seulement, car il transforme aussi le produit de sa récolte et travaille le fruit, ou plus exactement son jus, comme un artisan façonne le bois ou n'importe quel autre matériau. A cela s'ajoutant l'importance de la main d'œuvre que demande l'économie viti-vinicole, on comprend mieux que l'habitat ignore le mode de la ferme traditionnelle pour privilégier le groupement et un type de maison déjà urbain dans son esprit. Basse et flanquée d'un chai (sur le côté ou l'arrière), l'échoppe est l'habitation du petit vigneron indépendant et de l'ouvrier, travaillant dans la vigne ou au chai. Avec l'exode rurale du XIXe siècle, cette maison, caractéristique du village girondin, et son jardinet sont transposés, sans aucune modification, en ville où ils conquièrent des quartiers entiers (de part et d'autre des boulevards) qui conservent de nos jours une atmosphère villageoise, avec leurs petites places et leurs rues tranquilles. Puis, en ville comme à la campagne, sous l'influence de l'architecture bourgeoise, la maison se donne parfois une allure plus cossue et plus aristocratique en adoptant des ornements néo-classiques.

Comme la maison, l'alimentation populaire traduit ce dualisme du travail viti-vinicole. Si la soupe de vendange reste parfaitement campagnarde, de même que l'alose grillée sur les sarments (récupérés après la taille) et les grives (si dévastatrices de récoltes) ou perdreaux au raisin, c'est au travail du chai que sont liées quelques-unes des meilleures recettes culinaires du Bordelais, comme l'entrecôte, grillée à l'origine sur des douelles de barrique, ou les œufs au lait, qui permettaient d'utiliser les jaunes laissés pour le collage (autre nom de la clarification), opération concomitante des périodes de ponte maximale. Cette "récupération" prendra même une dimension industrielle avec les crèmes glacées Moreau à Libourne. Par ailleurs, la fréquentation journalière de la vigne et du vin a donné naissance à des recettes faisant intervenir le vin, comme celles des soupes de fruits au vin ou celles de la lamproie et de l'alose, celles-ci prenant une dimension sociale, comme le dit le proverbe : *"Nat riche n'a mingeat de bon* (boun) *colac* (coulac), *ni praube de bone* (boune) *lamprede "* (aucun riche n'a mangé de bonne alose, ni aucun pauvre de bonne lamproie).

LE CHATEAU, NAISSANCE D'UN MYTHE

Plus encore que les usages alimentaires, l'architecture affirme les différences de fortunes. Mieux elle les affiche avec la floraison de châteaux du vin que connaît le Bordelais aux XVIIIe et XIXe siècles.

Si nombre de châteaux forts médiévaux avaient pour mission de protéger le vignoble ou de surveiller la route du vin (l'estuaire), le premier véritable château viticole bordelais, c'est-à-dire construit avec les revenus de la vigne, est Haut-Brion (XVIe siècle). Toutefois, il reste un manoir traditionnel par son architecture, avec son corps de bâtiment rectangulaire et ses tourelles.

Il faut passer en Libournais, au tout début du XVIIe siècle, pour voir s'élever une construction castrale typiquement girondine : Sales, premier exemple connu de maison de campagne sans étage, encadrée de ses bâtiments d'exploitation. Avec l'âge d'or du XVIIIe siècle, les réalisations se multiplient. C'est le temps des chartreuses (sans étage) et autres belles demeures. L'un des meilleurs exemples de ces châteaux du vin est La Lignière (fin du XVIIIe siècle à Labrède) ; très homogène, l'édifice est conçu de façon à faciliter le travail de vinification : l'habitation est reportée à l'étage, cependant que le rez-de-chaussée, à demi enterré, est consacré au chai et que les ailes qui encadrent une cour rectangulaire abrite les dépendances. Attribué à Victor Louis, l'architecte du Grand Théâtre de Bordeaux, l'ensemble témoigne du goût des Bordelais pour le style néo-classique. Si certaines constructions, telle Beauséjour à Fargues Saint-Hilaire (1734), s'ornent d'un décor rococo, la plupart vont rechercher la simplicité.

De retour d'Italie, les architectes adaptent au climat girondin le style palladien. Deux exemples illustrent avec éclat cette influence : Plassans (ou Plassan), villa construite au début du XIXe siècle sur les coteaux dominant la Garonne, et château Margaux. Edifié entre 1810 et 1816, en remplacement d'un ancienne forteresse féodale, celui-ci inaugure l'ère du château-village avec ses dépendances comprenant d'un côté le chai-cuvier et de l'autre le hameau où se trouvent

Bien dosé, l'élevage en barriques enrichit les vins de garde et leur apporte d'élégants arômes.

Ci-contre, sanctuaire où la tradition rencontre le modernisme, le cuvier est un lieu magique où se déroule l'étape décisive de la fermentation.

les ateliers des artisans et les logements des famille du personnel. A l'époque de la prospérité impériale (sous Second Empire) les grands châteaux multiplient, notamment en Médoc. De type éclectique, c'est le style Napoléon III, ils marquent profondément le paysage bâti de la presqu'île. Tours, pavillons, tourelles, tous les genres sont admis, "pourvu qu'ils fassent château" ; cette frénésie de construire témoigne du prestige qu'exerce l'aristocratie sur la bourgeoisie du XIXᵉ siècle. Mais c'est aussi un moyen d'affirmer l'ancienneté et la noblesse du domaine. Bâtir un édifice monumental et le baptiser château est aussi un moyen de rappeler l'ancienneté et la noblesse de son cru. Comme le fait remarquer Ph. Roudié, les constructions castrales contribuent à assurer la suprématie commerciale de Bordeaux. Ce qui explique que de nombreux propriétaires, n'ayant pas les moyens de s'offrir ni un palais ni une riche maison de campagne, décident malgré tout d'appeler leur cru : château. Limité à environ 50, correspondant tous à une demeure aristocratique héritée de l'Ancien Régime, dans le Féret de 1850, le nombre de châteaux passe à 318 en 1868 et à 800 en 1881. Loin de diminuer dans les temps difficiles de la fin de la fin du XIXᵉ siècle, il augmente encore, la dénomination château devenant une arme contre la crise. Et au XXᵉ siècle le terme est repris, en même temps que la bouteille bordelaise, dans de nombreux vignobles français et étrangers.

Certains peuvent s'irriter de cet abus, pourtant l'histoire du mot de château est sans doute l'un des meilleurs symboles qui se puissent trouver du double visage de la société viti-vinicole bordelaise : profondément ancrée dans ses traditions, la viticulture de qualité se doit d'être souvent conservatrice et prudente dans ses méthodes, tout en étant tournée vers les marchés internationaux depuis ses origines.

L'ECOSYSTEME DE LA QUALITE

"Pour obtenir un grand vin il faut un sol maigre (graves, sable et très peu de limon) ; il faut ainsi se contenter de rendements faibles, car en dépit de la pauvreté du sol, il n'est pas possible de trop fumer les terrains ; enfin, ne pas compter sur des vignes jeunes pour produire un bon bordeaux''. Cette remarque de Thomas Jefferson montre que dans ses grandes lignes l'explication de la qualité des vins de Bordeaux est connue depuis longtemps.

Dans ses grandes lignes, car un examen plus approfondi de la question conduit à la conclusion qu'elle résulte d'un ensemble particulièrement complexe de facteurs, dont certains sont encore mal connus. Toutefois, quitte à paraître excessivement simplificateur et réducteur, il semble qu'il soit possible de les ramener à quatre éléments de base : le terroir, le cépage (la plante), le climat et l'homme.

Le climat est une composante essentielle de l'écosystème de la qualité. Dans le cas du Bordelais, son caractère tempéré permet au vin d'exprimer la typicité du cépage et du terroir. D'une manière générale, on peut constater que c'est dans les régions proches de sa limite septentrionale de culture que chaque cépage parvient à développer au mieux ses qualités aromatiques. Par ailleurs, ses variations annuelles donnent leur personnalité aux millésimes, les meilleurs correspondant souvent à des années de maturité précoce, avec un bon ensoleillement et des pluies limitées – mais pas déficitaires – au moment de la maturation et des vendanges. Enfin, pour les vins rouges, l'importance de l'ensoleillement exerce une influence sur la couleur, la synthèse des matières colorantes rouges demandant une quantité d'énergie lumineuse suffisante.

Le terroir (réduit ici – pour des raisons de commodité – au sens de sol, sous-sol, relief et cours d'eau mais qui comprend aussi dans la réalité les données les plus constantes du climat) exerce une influence capitale sur la typicité du vin : il a de nombreuses conséquences sur ses caractéristiques, en particulier

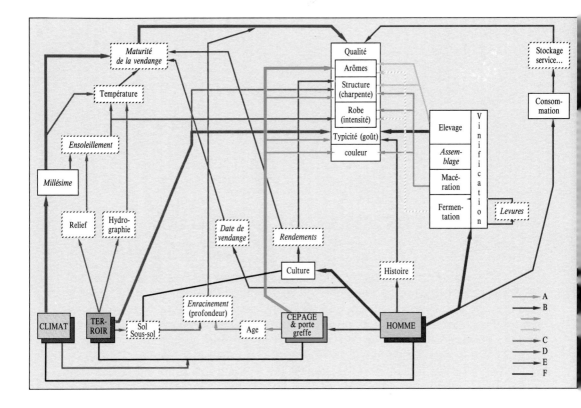

L'ECOSYSTEME DE LA QUALITE

Schéma résumant quelques-uns des principaux facteurs de la qualité.

Les flèches indiquent les domaines sur lesquels s'exercent prioritairement les influences du cépage (A), de l'homme (B), du terroir, pris ici au sens restreint du terme (C), et du climat (D).

Le dégradé de couleurs, pour les facteurs humains, et la couleur mauve (E) sont destinés à faciliter la lecture du schéma. Les traits sans flèche (F) indiquent une adéquation nécessaire entre deux éléments, sans relation de cause à effet.

Les traits épais signalent les influences dominantes.

La lecture doit se faire en partant des facteurs de base (climat, terroir, cépage, homme) vers les caractéristiques du vin, et non en sens inverse. En effet, la typicité et la qualité du vin résultent de l'ensemble des traits de sa robe, de sa structure et de ses arômes (et des facteurs ayant une influence directe ou indirecte sur eux) ; et pas seulement de l'assemblage et du terroir pour l'une ou du millésime et de la consommation (facteur très secondaire) pour l'autre.

"Maison de poupée", Pétrus est au cœur d'un territoire d'exception où le rôle de l'homme a été de découvrir ses potentialités et de leur permettre de s'exprimer pleinement.

Terroir de graves ; fortement représentés en Médoc et sur la rive gauche de la Garonne, les sols graveleux donnent des vins d'une grande finesse et d'une longue garde.

sur la structure (charpente et constitution du vin qui permettent son vieillissement). La nature du sol apporte sa marque au vin (voir le chapitre sur les sols et les cépages) ; mais l'élément le plus déterminant semble résider dans la complémentarité du sol et du sous-sol. Celle-ci doit permettre aux racines d'atteindre, en prenant de l'âge, les nappes d'eau souterraines qui vont garantir la régularité de l'approvisionnement hydrique de la plante. Ce qui constitue, comme l'a montré le professeur Gérard Seguin, l'un des principaux facteurs pouvant expliquer la qualité des grands vins.

Affirmer que le cépage, c'est-à-dire la plante elle-même, joue un rôle important tient du truisme. Olivier de Serres écrivait : ''le génie du vin est dans le cépage''. Aujourd'hui cette réflexion nous paraît sans doute excessive et réductrice, mais il n'en demeure pas moins qu'il marque pratiquement toutes les caractéristiques du vin, mais plus ou moins profondément, et rarement d'une manière systématique et automatique. Ainsi s'il faut un raisin noir pour obtenir un vin rouge, il est possible d'opérer une vinification en blanc avec un raisin rouge. L'influence la plus visible du cépage s'exerce sur les arômes ; là son action paraît assez souvent prépondérante, même s'il est fréquent de voir des spécialistes se tromper lors des dégustations à l'aveugle.

Impérativement d'une variété noble, le cépage doit être adapté au terroir et au climat pour arriver à une complète maturation. Il semble que sa capacité à s'acclimater à l'environnement et à produire un type de vin précis dépend de quelques constituants essentiels, dont : la richesse en sucre, l'acidité, les composants phénoliques (contenu tannique des pellicules des baies) et les arômes (présents eux aussi dans les pellicules).

L'homme constitue lui aussi une composante essentielle de l'écosystème de la qualité ; il intervient à trois niveaux :

– comme producteur, car c'est lui qui choisit les cépages et les porte-greffes ; qui détermine le nombre de pieds à l'hectare et l'écartement des rangs, une forte densité de pieds et un faible écartement des rangs étant un facteur de qualité ; qui maîtrise les rendements par les méthodes culturales, notamment lors de la taille ; qui détermine la date de vendange ; c'est lui enfin qui conduit l'ensemble de la chaîne de vinification ; Il peut ainsi imprimer son style au vin, par exemple en réglant la durée de la macération ou en procédant à l'assemblage, étape cruciale qui donne leur personnalité aux vins de Bordeaux, et en choisissant le logement (fûts de bois, cuves etc) ainsi que la durée de l'élevage.

– comme détenteur d'une mémoire collective (l'histoire), car la typicité des vins de Bordeaux actuels résulte de nombreux apports historiques, depuis l'adaptation d'un cépage méditerranéen aux conditions atlantiques, jusqu'à la constitution des grands crus, par un regroupement de parcelles soigneusement sélectionnées. De même le goût des bordeaux que nous pouvons boire est sinon l'aboutissement, du moins le fruit d'une quête plusieurs fois centenaire.

– comme consommateur, car, collectivement, c'est lui qui fixe le goût par la demande et, individuellement, il contribue à la qualité du vin qu'il déguste par les conditions de stockage, la durée du vieillissement, le décantage, la température de service, l'accord avec les mets.

La conjugaison de tous ces facteurs, pour ne pas dire toutes ces forces, est nécessaire pour qu'apparaisse un vignoble d'A.O.C. et que naisse un grand vin comme le bordeaux qui se place au sommet sur l'échelle de la qualité.

Par sa seule technique, en partant de cépages fins mais pas nobles, l'homme ne peut obtenir que des vins d'arômes, des vins technologiques qui peuvent être produits partout où la vigne peut pousser et sans limitation des rendements, leurs parfums étant obtenus par une bonne maîtrise des fermentations et de l'élevage.

Plus complexes et plus exigeants, les vins de cépage (dont la typicité est liée au cépage) ; nécessitent en plus un choix très rigoureux de la variété, des conditions climatiques favorables et une limitation des rendements.

Les vins de terroir, dont les appellations françaises constituent le modèle le plus achevé, sont les seuls à atteindre cet équilibre et cette complexité extrême, le *balance* pour reprendre l'expression anglo-saxonne, que permet d'obtenir une typicité liée à un écosystème complexe ; très contraignants, ils ne peuvent voir le jour que dans certaines régions particulières et impliquent une limitation rigoureuse des rendements.

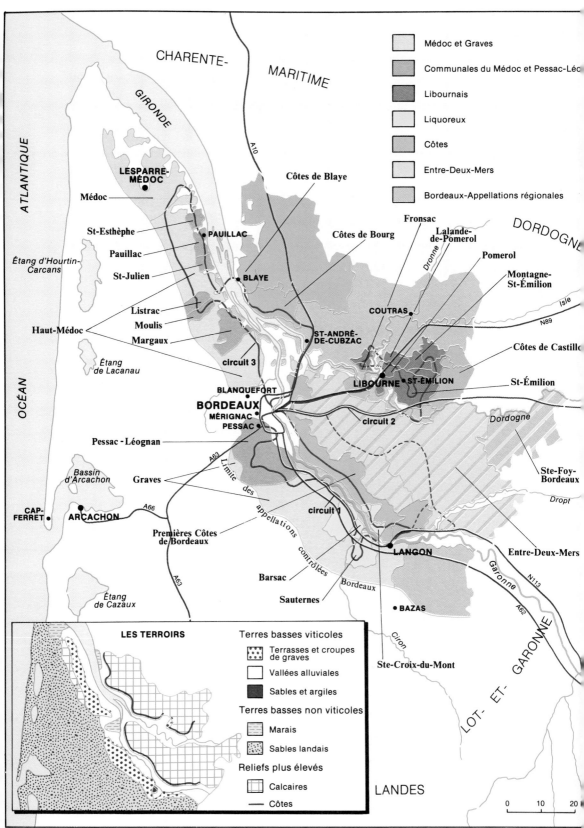

CHARENTE-
MARITIME

GIRONDE

ATLANTIQUE

DORDOGNE

Médoc et Graves
Communales du Médoc et Pessac-Léo
Libournais
Liquoreux
Côtes
Entre-Deux-Mers
Bordeaux-Appellations régionales

LESPARRE-
MÉDOC

Médoc

Côtes de Blaye

Fronsac

Côtes de Bourg

Lalande-
de-Pomerol

Pomerol

St-Esthèphe

PAUILLAC

Pauillac

Montagne-
St-Émilion

Étang d'Hourtin-
Carcans

St-Julien

BLAYE

COUTRAS

Isle

N89

Listrac

St-ANDRÉ-
DE-CUBZAC

Côtes de Castillo

Moulis

Haut-Médoc

Margaux

LIBOURNE   St-ÉMILION

St-Émilion

Étang
de Lacanau

circuit 3

BLANQUEFORT

Dordogne

OCÉAN

BORDEAUX

circuit 2

MÉRIGNAC

PESSAC

Pessac - Léognan

Ste-Foy-
Bordeaux

Bassin
d'Arcachon

A63

Dropt

Graves

CAP-
FERRET

A66

ARCACHON

circuit 1

Premières Côtes
de Bordeaux

LANGON

Entre-Deux-Mers

Garonne

A63

N113

Barsac

Bordeaux

A62

Sauternes

BAZAS

Étang
de Cazaux

LOT- ET- GARONNE

Ste-Croix-du-Mont

Ciron

LES TERROIRS

Terres basses viticoles

Terrasses et croupes
de graves

Vallées alluviales

Sables et argiles

Terres basses non viticoles

Marais

Sables landais

Reliefs plus élevés

Calcaires

Côtes

0   10   20

LANDES

Carte : Patrick Mé

DEUXIEME PARTIE
LES APPELLATIONS DU BORDELAIS

L'APPELLATION CONTROLEE

Concept né en France au début du XXe siècle, l'Appellation d'Origine Contrôlée (A.O.C.) est un dispositif législatif qui garantit au consommateur l'authenticité de l'origine géographique d'un vin de qualité. L'appellation est l'aire, strictement délimitée, d'où doivent provenir obligatoirement tous les raisins servant à élaborer le vin. Selon les qualités de son terroir, l'appellation est soit une Appellation d'Origine de Vin Délimité de Qualité Supérieure (A.O.V.D.Q.S., autrefois V.D.Q.S.), soit une A.O.C. ; cette dernière représentant l'échelon supérieur.

DES REGIONALES AUX COMMUNALES

Toutes les appellations de Bordeaux sont des A.O.C. ; toutefois, elles peuvent appartenir à deux groupes différents : les A.O.C. régionales, aussi appelées génériques, et les A.O.C. sous-régionales ou communales. Les premières couvrent l'ensemble des terroirs viticoles de la Gironde ; il s'agit des appellations Bordeaux et Bordeaux supérieur. Les secondes ne s'appliquent qu'à un secteur précis, qu'il s'agisse d'un ''pays'' (Médoc, Entre-deux-Mers...), dans le cas des sous-régionales, ou d'une commune (Pauillac, Saint-Julien, Pomerol, Barsac...), voire d'un groupe de communes (Margaux, Sauternes...).

S'il existe une hiérarchie entre les régionales et les deux autres groupes, il est plus difficile de l'établir entre les sous-régionales et les communales. En effet, seul le Médoc possède une échelle complète avec : deux sous régionales (Médoc et Haut-Médoc et six communales (Listrac, Margaux, Moulis, Pauillac, Saint-Estèphe et Saint-Julien). Cependant, l'usage les classements et les prix invitent à distinguer quelques ''grandes communales'' avec, outre les médocaines, citées ci-dessus Pessac-Léognan, Sauternes, Barsac, Saint-Emilion grand cru et Pomerol.

L'idée de valoriser son vin en mentionnant son origine géographique est fort ancienne : sous l'Ancien Régime, la Jurade de Saint-Emilion établit une règle interdisant l'expédition hors de la juridiction de toute barrique ne portant par son sceau, afin de garantir l'origine et la qualité de la production de la cité.

Mais il faut attendre les années 1900 pour qu'elle revête une forme officielle. A la fin du XIXᵉ siècle, à cause de la crise du phylloxéra, dans toute la France certains producteurs et négociants abusent des termes ''Bordeaux'' et ''Bourgogne'' pour faire face aux méventes. La fraude prenant une ampleur inquiétante, le 1ᵉʳ août 1905, le Parlement adopte une loi prévoyant des sanctions contre ''quiconque aura trompé ou tenté de tromper'' un acheteur ''sur l'espèce ou l'origine'' d'une marchandise, ''lorsque la désignation de l'espèce ou de l'origine faussement attribuées... devra être considérée comme la cause principale de la vente.''

Le coup d'envoi est donné ; mais la délimitation des zones traîne du fait des nombreuses contestations locales qu'elle soulève. Si bien qu'au début de la guerre, le travail reste à achever. En 1919 et 1927 deux textes de loi viennent compléter le dispositif ; la seconde introduit la notion d'exigence de qualité à côté de celle de l'origine, avec la prise en considération du cépage. Avec la crise des années 30 les choses s'accélèrent et l'on voit apparaître le système des A.O.C., tel que nous le connaissons actuellement.

L'I.N.A.O.

Le principal artisan de sa mise en œuvre est Joseph Capus. Ancien directeur de la Station de pathologie végétale de Cadillac et ministre de l'Agriculture, il profite de sa position de sénateur de la Gironde pour déposer, en mars 1935, un projet de loi dont l'esprit va être repris quatre mois plus tard dans le décret-loi du 30 juillet 1935. Créant le Comité national des appellations d'origine, qui deviendra institut (I.N.A.O.) en 1947, ce texte marque l'étape décisive. Désormais, le droit d'utiliser l'A.O.C. est lié à des conditions géographiques et qualitatives précises : aire délimitée et encépagement mais aussi méthodes de culture et de vinification... Par ailleurs, innovation capitale dans le droit français, le nouvel organisme, bien que jouissant d'un pouvoir réglementaire (il établit les décrets de création des appellations et veille à leur application), n'est pas de nature administrative mais à la fois para-administrative et interprofessionnelle. Placé sous la double tutelle de l'Etat et de la profession, il appuie son action sur celle des syndicats, la création d'une A.O.C. devant répondre à une volonté des professionnels.

C'est grâce à cette coopération que la réglementation sur les appellations a pu être acceptée par les producteurs. Elle fixe en effet les densités de pieds à l'hectare, le mode de taille, les taux d'alcool, de sucre naturel et de chaptalisation, les rendements. De plus, depuis 1974, ont été généralisées les analyses et dégustations d'agrément.

LES APPELLATIONS DU BORDELAIS

Le nombre important d'appellations existant en Gironde fait que parfois l'amateur éprouve quelques difficultés pour savoir précisément à quel type de vins elles correspondent. Singulièrement pour les vins blancs, une A.O.C. de vins secs pouvant aussi produire - dans certains cas avec une mention particulière sur l'étiquette - des moelleux et inversement. La liste, ci-dessous, qui précise la vocation première et le nom exact de chacune, l'aidera à avoir une vision synthétique de la question. Précisons que les regroupements adoptés n'impliquent pas une notion de hiérarchie.

APPELLATIONS REGIONALES :

Vins rouges :

Bordeaux
Bordeaux supérieur

Vins blancs secs :

Bordeaux sec

Vins blancs moelleux :

Bordeaux (égal ou supérieur à 4 g de sucre)
Bordeaux supérieur

APPELLATIONS SOUS-REGIONALES ET COMMUNALES :

Vins rouges :

Bordeaux Côtes de Francs
Côtes de Castillon
Côtes de Bourg
Blayais

Graves
Pessac-Léognan
Médoc
Haut-Médoc
Listrac-Médoc

Saint-Emilion
Saint-Emilion, grand cru

Lussac Saint-Emilion
Montagne Saint-Emilion
Puisseguin Saint-Emilion
Saint-Georges Saint-Emilion

Premières Côtes de Blaye
Premières Côtes de Bordeaux
Graves de Vayres
Sainte-Foy Bordeaux

Margaux
Moulis
Pauillac
Saint-Estèphe
Saint-Julien

Lalande de Pomerol
Pomerol
Canon Fronsac
Fronsac

Vins blancs secs :

Blaye et Blayais
Côtes de Blaye
Bourg, Côtes de Bourg et Bourgeais
Côtes de Francs

Entre-deux-Mers
et Entre-deux-Mers haut Benauge
Graves
Pessac-Léognan

Vins blancs moelleux :

Bordeaux haut Benauge
Sainte-Foy Bordeaux
Côtes de Bordeaux Saint-Macaire
Premières Côtes de Bordeaux

Graves de Vayres
Graves supérieures
Côtes de Francs

Vins blancs doux ou liquoreux :

Sauternes
Barsac
Cadillac,

Loupiac
Sainte-Croix du Mont
Cérons

COMMENT LIRE LE GUIDE

Dans les pages qui suivent, les appellations sont regroupées par ordre géographiques. Toutes les A.O.C. du département sont présentées, à l'exception de quelques-unes en voie de disparition, telles celles du "Blayais" ou du "Bordeaux mousseux" que les producteurs abandonnent au profit respectivement des "Premières Côtes de Blaye" et du "Crémant de Bordeaux". En revanche, certaines appellations font l'objet d'une entrée en dépit de leur caractère confidentiel, car leur terroir possède une réelle originalité. C'est notamment le cas de "Sainte-Foy Bordeaux".

En tête de chaque appellation figure un chapeau apportant des indications techniques significatives :

1 *Vin rouge, blanc sec... ;*
2 *Superficie : environ ... ha ;*
3 *production : environ ... hl par an ;*
4 *Crus classés : ... ;*
5 *Cépages : ..., ... ;*
6 *Densité de plantation : ... pieds/ha ;*
7 *Rendement moyen/an : ... hl/ha (hl/ha) ;*
8 *Sucre naturel : au moins ... g/l ;*
9 *Degré alcoolique : de ...° à ...° .*

1 : indique l'ensemble des types de vins ayant légalement droit à l'A.O.C. concernée ;
2 : l'année de référence est 1990 (source I.N.A.O.) ;
3 : moyenne sur dix ans, de 1983 à 1992 (source C.I.V.B./syndicats viticoles) ;
4 : dans les appellations en comportant ;
5 : ne comporte pas obligatoirement la liste de tous les cépages, mais indique seulement les principaux ;
6 : il s'agit des densités minimales imposées, qui sont souvent largement dépassées dans les faits ;
7 : il s'agit d'une moyenne décennale simplifiée, le chiffre réel étant susceptible de varier chaque années ; la moyenne a été calculée sur la décennie 1980 - 1989 ;
8 : indique la richesse minimale en sucre naturel des lots unitaires de vendange,

exprimée en grammes par litre de moût ;

9 : indique les titres alcoométriques volumiques minimum et maximum pour chaque type de vins.

Quelques vins parmi les plus renommés :

Cette rubrique tient compte à la fois de la notoriété (auprès des professionnels) et de la qualité du vin cité et des autres crus ou marques du même producteur ; précisons que cette sélection a été établie en toute indépendance mais qu'elle n'a aucune prétention d'exhaustivité. Le lecteur pourra trouver d'autres références complémentaires dans *Connaître les vignobles de Bordeaux* (Guides "Sud Ouest" des grands vignobles).

Après le nom du cru ou de la marque figurent, entre parenthèses, ceux du producteur et de la commune où se trouve son siège social, avec le code postal pour les producteurs extérieurs au département de la Gironde. Quand l'appellation ne comporte qu'une commune, son nom n'est pas précisé.

LES APPELLATIONS REGIONALES

BORDEAUX

Vin rouge ou blanc moelleux (blanc sec voir Bordeaux sec) ;
Superficie : environ 33 000 ha (rouge + 1 100 potentiels en blanc) ;
Production : environ 1 500 000 hl par an (pour les rouges,
confidentielle pour les blancs) ;
Cépages : cabernet (sauvignon et franc), merlot rouge,
carmenère, malbec et petit-verdot (pour les rouges,
blancs voir Bordeaux sec) ;
Densité de plantation : 2 000 pieds/ha ;
Rendement moyen/an : 59 hl/ha (rouges) ;
Richesse minimale en sucre naturel : 162 g/l (rouges), 161 g/l (blancs) ;
Degré alcoolique : de 9,5° à 12°,5 (rouges).

Bien que les appellations "Bordeaux" englobent les bordeaux rouges, blancs moelleux, blancs secs, rosés et crémants nous ne parlerons pas ici de ces trois derniers, qui font l'objet de deux entrées spécifiques : Bordeaux sec, d'une part, et Bordeaux rosé, clairet et crémant, d'autre part. Par ailleurs, la production des moelleux étant actuellement confidentielle et obtenue à partir des mêmes vignes que celle des secs, nous limiterons le sujet aux seuls vins rouges.

A condition, bien sûr, que leur production respecte les règles imposées pour les A.O.C. (sélection de cépages, limitation de rendement), tous les vins provenant des terroirs viticoles de la Gironde peuvent revendiquer l'appellation Bordeaux. Toutefois, dans les faits elle regroupe principalement des crus situés dans les régions suivantes :

— le Cubzaguais (Cubzacais ou Cubzadais) et la région du nord-Libournais, qui ne disposent d'aucune appellation sous-régionale ; les terroirs y sont très divers : le Cubzaguais, qui prolonge le Fronsadais et assure la liaison avec Bourg, appartient à l'ensemble des Côtes par sa configuration, cependant que dans la région de Guîtres et de Coutras on trouve des plaines et des coteaux, avec une tendance très marquée vers un recul du vignoble dans les premières et un développement sur les seconds ;

— l'Entre-deux-Mers dont l'appellation sous-régionale est réservée aux seuls vins blancs secs ; les vins rouges y trouvent de très bons terrains, notamment sur les coteaux dominant la Dordogne ou dans la région de Saint-Loubès et Sainte-Eulalie, aux terrains argilo-calcaires et graveleux ; à la suite d'une reconversion des propriétés qui sont passées des vignes blanches aux rouges, c'est actuellement la première région de production des bordeaux et bordeaux supérieur rouges ;

— les palus (terrains alluvionnaires) bordant les régions d'appellations sous-régionales ou communales.

A tous ces vins s'ajoutent des crus qui, bien qu'implantés dans des appellations sous-régionales, préfèrent commercialiser leur production dans l'A.O.C. générique. Dans ces conditions chacun comprendra aisément que les bordeaux soient assez divers par leurs styles.

D'autant plus que le nombre des producteurs est important. Le syndicat des bordeaux aime rappeler que son appellation est celle ''aux mille châteaux''. L'expression peut paraître excessive ; architecturalement du moins, car sur le plan viticole c'est par modestie qu'elle pêche. En ajoutant les marques du négoce aux crus on arrive à un nombre de productions évoluant autour de 10 000, sinon au-dessus.

Pour schématiser, il est possible de distinguer deux groupes de bordeaux rouges, les uns étant plus tanniques et plus corsés, les autres se signalant par leur souplesse. Leur origine géographique (vins de coteaux contre vins de plaine) et leur mode de vinification peuvent expliquer leurs différences. Toutefois, dans les deux cas, ils trouvent leur dénominateur commun dans leur caractère fruité, qui présente parfois un côté cuit dans les millésimes chauds.

Leur aptitude au vieillissement varie avec leur charpente. Servis par une bonne matière tannique, ils sont susceptibles d'évoluer favorablement pendant cinq ou six ans. Mais quel que soit leur potentiel de garde, ils peuvent être appréciés jeunes, du fait de leur fruité qui les prédestine à être servis sur des poulets rôtis, côtelettes et rôtis de porc, viandes grillées...

A noter parmi les vins les plus renommés
(bordeaux et bordeaux supérieurs) :
En vins de crus : Châteaux Bonnet (A. Lurton à Grézillac), du Bru (Duchant à Saint-Avit Saint-Nazaire) ; Design La Mothe du Barry (Duffau à Moulon) ; Grand Village (Guinadeau), Le Grand Verdus (Le Grix de la Salle à Sadirac), de Terrefort-Quancard (Quancard à Saint-André de Cubzac), Thibaud Ducasse (SCEA Ch. de L'Hospital à Portets), Tour de Mirambeau (Despagne à Naujan et Postiac) ;
En vins du négoce : Mouton cadet (GFA Philippe de Rothschild à Pauillac) ; 1725 (Barton et Guestier à Blanquefort).

BORDEAUX SUPERIEUR

Vin rouge ou blanc moelleux ;
Superficie : environ 11 000 ha (rouge + 110 en blanc moelleux) ;
Production : environ 450 000 hl par an (rouges,
blancs : confidentiels) ;
Cépages : cabernet (sauvigon et franc), merlot rouge, carmenère,
malbec et petit-verdot (pour les rouges),
sémillon, sauvignon, muscadelle avec compléments éventuels
de merlot blanc, colombard, mauzac, ondenc et ugni blanc ;
Densité de plantation : 2000 pieds/ha ;
Rendement moyen/an : 47 hl/ha ;
Sucre naturel : au moins 162 g/l (rouges), 187 g/l (blancs) ;
Degré alcoolique : de 10° à 13° (rouges), de 13° à 15° (blancs).

Produits sur la même aire d'appellation que les bordeaux, les vins de l'A.O.C. Bordeaux supérieur comportent également des rouges et des blancs. Mais ceux-ci, des moelleux, sont très confidentiels par leur production qui a été divisée par trois en moins de 10 ans.

Dans les faits, Bordeaux supérieur est une appellation de vins rouges. Sans que ceci constitue une règle absolue, ils correspondent à une sélection qualitative et se distinguent des bordeaux par une vocation à la garde plus marquée. Ce sont, en effet, des vins assez corsés, plus généreux et plus puissants, dont la grande qualité est de concilier une certaine rondeur avec une bonne présence tannique. Ils se prêtent à des accords gourmands légèrement différents : coq au vin, jambon et jambonneau cuits, veau, viandes sautées...

Quelques vins parmi les plus renommés :
Le choix entre les deux appellations Bordeaux et Bordeaux supérieur étant laissé au propriétaire pour chaque récolte, et certains changeant effectivement en fonction notamment de la qualité du millésime, les bordeaux supérieurs ont été groupés avec les bordeaux (voir entrée précédente)..

BORDEAUX SEC

Vin blanc sec ;
Superficie : environ 10 000 ha production : environ hl par an ;
Cépages : sémillon, sauvignon, et muscadelle, avec des
compléments possibles en merlot blanc, colombard, mauzac,
ondenc et saint-émilion ;
Densité de plantation : 2 000 pieds/ha ;
Rendement moyen/an : 62 hl/ha ;
Sucre naturel : au moins 144 g/l ;
Degré alcoolique : de 9,5° à 13°.

Même si les bordeaux moelleux ont pratiquement disparu, les blancs secs doivent obligatoirement porter la mention ''sec'' sur leur étiquette pour éviter toute confusion.

Partageant l'aire géographique des A.O.C. régionales rouges (Bordeaux et Bordeaux supérieur), celle de Bordeaux blanc sec est beaucoup moins importante par sa surface. En effet les vignobles blancs n'ont pas augmenté en superficie au cours des années 1980 : de 9 608 hectares en 1982, ils sont passés à 9 898 en 1990. Alors qu'on compte un grand nombre de crus ne produisant que des vins rouges, les domaines entièrement voués aux blancs secs sont extrêment rares. Les vignes blanches font même figure de curiosités dans certaines régions comme le Médoc ou le Libournais. Il en résulte un émiettement du vigoble blanc que traduit le nombre important de viticulteurs (environ 2 000) que compte l'appellation.

Pendant longtemps les blancs secs ont été considérés comme des productions de second plan, les vraies spécialités de Bordeaux étant alors les rouges et les vins moelleux ou liquoreux. Certains producteurs n'hésitaient pas à replier leur production en vins de table, les différences de prix étant infimes et ne justifiant pas les contraintes qu'imposait l'A.O.C.

Heureusement, grâce à l'amélioration de l'encépagement et à la mise au point de techniques parfaitement adaptées à l'environnement girondin, l'appellation a su trouver sa typicité. Celle-ci s'exprime par un côté nerveux et fruité, par une couleur, verte et jaune pâle, et par un bouquet floral. Selon les méthodes de vinification employées, ils exhaleront aussi des arômes d'agrumes ou des parfums exotiques.

Certains de ces nouveaux arômes, notamment les notes florales et sauvages (genêt, aubépine etc), peuvent provenir de l'augmentation du sauvignon dans l'encépagement. Mais la complexité du bouquet, la richesse des goûts et une moindre acidité sont liées à l'apparition de nouvelles techniques de vinification, développées par l'équipe de l'œnologue bordelais Denis Dubourdieu. ''Nouvelles'' n'est pas toujours le qualificatif le mieux adapté. Dans bien des cas, elles se traduisent en effet par un retour aux sources, avec la réintroduction d'usages abandonnés au cours des années 60, quand l'amélioration de la qualité passait par un recours systématique aux procédés modernes, les vins blancs étant considérés alors comme essentiellement ''technologiques''. Toutefois, il ne faut pas s'y tromper, la réhabilitation d'usages anciens, comme l'emploi de la barrique, ne représente pas une démarche empirique et passéiste. Au contraire leur réintroduction est sélective et s'inscrit dans une logique cohérente d'ordre scientifique, · dictée par les résultats des recherches oenologiques.

Malgré l'ampleur des mutations réalisées, la notoriété des bordeaux secs n'a pas encore rejoint leur niveau qualitatif. Les consommateurs y trouvent leur avantage, car ce sont des vins qui demeurent souvent très intéressants par leur rapport qualité-prix, d'autant que certains producteurs se sont lancés dans la voie de vins de haut de gamme, avec notamment un passage en fûts. Ils se prêtent alors à une petite garde (deux ou trois ans) même s'il est préférable de les consommer jeunes comme l'ensemble des bordeaux blancs secs qui sont des vins à boire dans l'année. Bus jeunes, ils possèdent en effet un caractère aromatique qui les rend particulièrement agréable sur de nombreux mets, tels les plats de poisson légers ou les entrées, particulièrement les crevettes, les avocats et les charcuteries, ces deux derniers s'associant mieux avec des vins issus d'un encépagement à dominante sauvignon. Ceux-ci conviendront également à la préparation du ''kir'', avec 1/7° de crème de cassis.

Quelques vins parmi les les plus renommés :
Outre les vins proposés par quelques crus prestigieux situés en Médoc ou dans le Sauternais, comme le Pavillon Blanc de Château Margaux ou le ''R'' de Rieussec (à Fargues), noter tout particulièrement les châteaux du Bru (SCEA à St-Avit St-Nazaire), Doisy Daëne (Dubourdieu à Barsac), du Juge (Dupleich à Cadillac), Penin (Carteyron à Génissac), Reynon (Dubourdieu à Béguey), Roquefort (Bellanger à Lugasson), Thieuley (Courselle à La Sauve), Turcaud (Robert à La Sauve) ; en vins de marque, le Numéro 1 (Dourthe à Parempuyre) et de cave, L'Etalon (Union Saint-Vincent à St-Vincent de Pertignas).

BORDEAUX ROSE - BORDEAUX CLAIRET
ET CREMANT DE BORDEAUX

Superficie : environ 900 ha (rosé), 460 ha (clairet) ;
Production : environ 28 700 hl par an (rosé),
(sur neuf pour les rosés, l'année 92 n'étant pas représentative) ;
Densité de plantation : 2 000 pieds/ha ;
Rendement moyen/an : 54 hl/ha (rosés) ;
Sucre naturel : au moins 144 g/l (crémant),
153 et 162 (rosé et clairet) ;
Degré alcoolique : de 9,5° à 12,5° (rosé et clairet),
de 9,5° à 13° (crémant).

Grâce à l'importance de son aire géographique, le vignoble bordelais peut compléter ses productions majeures (vins rouges et blancs liquoreux ou secs) par des rosés, clairets et crémants qui lui permettent d'offrir à l'amateur une gamme particulièrement étendue de vins.

Crémants
L'appellation la plus récente est celle des crémants (appellation Crémant de Bordeaux). Mais la tradition d'élaborer des vins effervescents est déjà assez ancienne à Bordeaux : ils sont les héritiers des anciens bordeaux mousseux ''méthode champenoise'', dont les secteurs du Libournais et des Hauts de Gironde (Blayais-Bourgeais) se sont faits les spécialistes depuis la fin du XIXe siècle. Pour la petite histoire, signalons que l'un des pionniers de cette spécialité était l'un des oncles du commandant Cousteau, qui exploitait une maison de négoce à saint André de Cubzac, la ville natale de ''Captain Planet''. Blancs ou rosés, ce sont des vins fins et d'un pétillant plaisant. Dans la vaste famille des effervescents français ils affirment leur typicité par leur bouquet floral, que l'on devine emprunté aux blancs secs.

Rosés et Clairets

Presque insignifiants en 1980, les rosés et clairets (appellations Bordeaux rosé et Bordeaux clairet) ont connu une forte progression au cours des années 80. De 1982 à 1990, leur production est passée de 16 000 hectolitres à 61 000. A l'intérieur du groupe, ce sont les clairets qui ont le plus progressé, les superficies qui leur sont consacrées ayant été multipliées par 4,5 entre 1986 et 1990, contre trois pour les rosés. Les clairets, qui assurent la transition entre les rosés et les rouges, sont en effet une spécialité bordelaise, servie par son homonymie avec les anciens *clarets*. S'ils sont plus un peu plus corsés que les rosés, les clairets sont, comme eux, frais, fruités, et à boire jeunes.

Quelques vins parmi les plus renommés :

On retrouvera ici quelques uns des châteaux les plus réputés en bordeaux rouges ou blancs : du Bru, Lardiley, Penin, Thibaut Ducasse, Thieuley, Turcaud ; et pour les clairets on notera, dans les Premières Côtes de Bordeaux, le château de Haux (Jørgensen à Haux) et la cave de Quinsac.

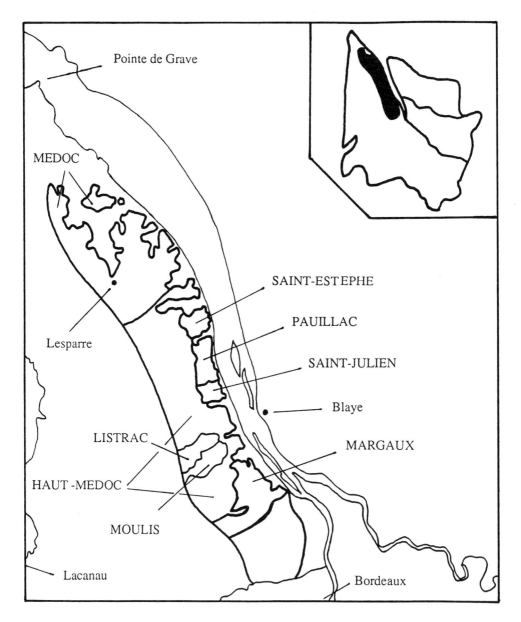

Le Médoc.

LA REGION DU MEDOC

S'étirant sur plus de 90 kilomètres entre Bordeaux et la Pointe de Grave, le Médoc est le plus septentrional des pays girondins. C'est aussi l'un des plus originaux : non seulement il forme une presqu'île bien délimitée par l'océan et l'estuaire de la Gironde, mais il comporte plusieurs sous-ensembles très fortement individualisés, avec : un littoral, fermé par un haut cordon dunaire dominant de grands étangs et marais, une pointe maritime, associant d'anciennes îles et des polders, et le vignoble, qui n'occupe qu'une frange étroite de terroirs, situés le long de l'estuaire.

Compensant sa faible largeur par sa longueur, le Médoc viticole s'étend sur près de 14 000 ha ; ce qui lui permet de produire des vins suffisamment personnalisés pour que l'on ait pu distinguer huit A.O.C. (deux sous-régionales et six communales), toutes de vins rouges, les quelques blancs, rosés ou clairets étant des bordeaux ou bordeaux supérieurs. L'unité, et la spécificité des vins médocains dans l'ensemble bordelais tient à de nombreux traits, dont le climat et les méthodes culturales avec un encépagement accordant plus de place au cabernet sauvignon (majoritaire avec 52%) et au faible écartement entre les rangs de vigne : 84% (en superficie) des vignobles ont un écartement inférieur à deux mètres, contre seulement 44% en moyenne pour l'ensemble du Bordelais.

Planté par la noblesse parlementaire puis développé par le grand négoce, le Médoc est le vignoble symbole du Bordelais. Avec ses grands crus, ses châteaux du vin à l'architecture éclectique, ses rosiers en bout de rège et ses vins "retour des Indes" (qui avaient effectué au XIXe siècle une traversée, aller et retour, vers l'Asie orientale pour accélérer leur vieillissement), il est devenu un modèle pratiquement universel du grand cru. Mais sa richesse tient aussi en l'existence d'une foule de vins à découvrir, notamment dans l'appellation spécifique Médoc.

MEDOC

Vin rouge ;
Superficie : environ 4 200 ha ;
Production : environ 200 000 hl par an ;
Cépages : merlot, cabernet sauvignon, cabernet franc,
malbec et petit verdot ;
Densité de plantation : 6 500 pieds/ha ;
Rendement moyen/an : 56 hl/ha ;
Sucre naturel : au moins 162 g/l ;
Degré alcoolique : de 9,5° à 12,5°.

L'appellation Médoc peut être revendiquée pour tous les vins produits sur les terroirs viticoles situés en Médoc, à l'exception des palus, qui n'ont droit qu'aux A.O.C. régionales Bordeaux et Bordeaux supérieur. Toutefois, elle n'est réellement utilisée que pour les vins issus des vignobles se trouvant au nord de Saint-Seurin de Cadourne, ceux du sud étant commercialisés en Haut-Médoc ou dans l'une des communales.

Couvrant une surface d'environ 4 200 hectares, les vignes de l'appellation spécifique Médoc sont plantées sur des terroirs assez diversifiés. Les premiers sont des graves dites ''pyrénéennes'', datant de la fin de l'ère tertiaire, qui se trouvent notamment dans les secteurs de Potensac-Ordonnac ; les secondes, les graves dites ''garonnaises'', visibles notamment à proximité de l'estuaire, qui datent du *günz* (quaternaire), sont semblables à celles qui forment l'essentiel du terroir des grandes communales ; enfin les terrains argilo-calcaires occupent le reste de l'appellation. Avec près de 700 viticulteurs, les structures de production accentuent cette diversité. Ce qui permet à l'appellation de comporter un nombre important de crus à découvrir, dont quelques micro-propriétés aux vins particulièrement intéressants par leur rapport qualité-prix ou leur originalité. Toutefois ces infuences centrifuges sont contrebalancées par l'importance des cinq coopératives qui regroupent environ 400 adhérents et assurent 33 % de la production. Par ailleurs la présence de crus vedettes offre des modèles à suivre. Ceux-ci démontrent par leur implantation l'intérêt des trois types de terroir.

Les médoc font preuve d'une typicité incontestable qui s'affirme par leur rondeur leur bouquet et leur couleur rubis. Ce sont des vins de garde : de trois à quatre ans pour les millésimes de petite garde, de cinq à dix pour ceux de bonne garde et jusqu'à 15 ou 20 ans pour les années les plus remarquables. Ils se marient très heureusement avec de nombreux plats (volailles, viandes rouges, foies gras et fromages, voire jeunes avec certains poissons, notamment ceux préparés avec une sauce au vin.

Quelques vins parmi les plus renommés :

Les châteaux Greysac (Dom. Codem à Bégadan), Haut-Gravat (Lanneau à Jau et Dignac), Lacombe-Noaillac (Lapalu à Jau et Dignac), La Tour de By (à Bégadan), Les Ormes sorbet (Boivert à Couquèques), Loudenne (Gilbey de Loudenne à St-Yzans de Médoc), Patache d'Aux (Lapalu à Bégadan), Potensac

(Delon à Potensac), Tour Haut-Caussan (Courrian à Blaignan) et Vieux Robin (Roba à Bégadan).

HAUT-MEDOC

Vin rouge ;
Superficie : environ 3 800 ha ;
Production : environ 170 000 hl par an ;
Crus classés : 5 ;
Cépages : cabernet sauvignon, cabernet franc, merlot,
malbec et petit verdot ;
Densité de plantation : 6 500 pieds/ha ;
Rendement moyen/an : 52 hl/ha ;
Sucre naturel : au moins 162 g/l ;
Degré alcoolique : de 9,5° à 12,5°.

Occupant la partie méridionale de la presqu'île, entre Saint-Seurin de Cadourne et Blanquefort, le Haut-Médoc (2 750 ha) se développe sur quelque 45 kilomètres. On y retrouve les trois types de terroirs de l'appellation Médoc, mais il se distingue d'elle par la topographie, avec un nombre plus important de croupes, dont on connaît les effets positifs sur le drainage, et par l'abondance des terrains de graves. Celles-ci sont de type "pyrénéen" dans le centre (Saint-Sauveur), et "garonnais" (près de la Gironde). Enfin, l'encépagement est légèrement différent par rapport à l'appellation Médoc, avec un plus forte représentation du cabernet sauvignon. Les normes de production sont encore plus rigoureuses, notamment pour les rendements. D'une manière générale les propriétés sont situées soit sur un terroir homogène, quand elles se trouvent sur des croupes de graves "garonnaises", soit à cheval sur plusieurs types de sols (graves "garonnaises" ou "pyrénéennes" et argilo-calcaires), quand elles sont plus à l'intérieur. Dans les deux cas, il s'agit d'une configuration très favorable pour la vigne, les graves du *günz* constituant l'un des meilleurs terroirs viticoles pouvant exister et la diversité des sols augmentant la complexité des vins.

Ces caractères permettent de comprendre pourquoi les crus classés se trouvent en Haut-Médoc, pour cinq d'entre-eux (Belgrave, Camensac, Cantemerle, La lagune et Latour Carnet) ou dans les communales qui sont enclavées dans l'aire d'appellation. Ils expliquent également la spécificité des haut-médoc par rapport aux médoc : plus tanniques, ils présentent une très belle aptitude au vieillissement, notamment dans les grands millésimes. Ils s'accommodent des mêmes plats que les médoc, avec, en plus, les préparations de champignons et les gibiers, qui supportent leur côté plus corsé.

Parmi les vins les plus renommés on peut noter :
Les châteaux La Lagune (cru classé, Ducellier à Ludon) et Sociando Mallet (Gautreau à Saint-Seurin de Cadourne), en tête de l'appellation ; En crus classés : Belgrave (CVBG Dourthe Kressmann à St-Laurent), Cantemerle (Ets

Cordier à Bordeaux), Latour Carnet (Pelegrin à St-Laurent) En crus non classés : Arnauld (Theil Roggy à Arcins), Cissac (à Cissac), Citran (Sté à Avensan), Coufran (Miailhe à St-Seurin de Cadourne), Lanessan (Bouteiller à Cussac Fort Médoc), Lestage Simon (Simon à St-Seurin de Cadourne), Lieujean (Fournier Karsenty à St-Sauveur), Maucamps (Sté à Macau), Pontoise-Cabarrus (Tereygeol à St-Seurin de Cadourne), Sénéjac (de Guigné à Le Pian), Tour du Haut-Moulin (Poitou à Cussac).

MARGAUX

Vin rouge ;
Superficie : environ 1 200 ha ;
Production : environ 62 000 hl par an ;
Crus classés : 21 ;
Cépages : cabernet sauvignon, cabernet franc, merlot,
malbec et petit verdot ;
Densité de plantation : 6 500 pieds/ha ;
Rendement moyen/an : 48 hl/ha ;
Sucre naturel : au moins 162 g/l ;
Degré alcoolique : de 10° à 13°.

Margaux, qui est la plus vaste des appellations communales du Médoc, s'étend en fait sur cinq communes (Margaux, Cantenac, Soussans, Labarde et une partie d'Arsac). Elle est aussi la première pour la production, avec entre 30 000 et 60 000 hl de vin selon les années.

Elle possède l'un des plus beaux terroirs du Bordelais, avec de très belles graves et quelques bancs de calcaires, mêlés de marne et de sables. Du fait de sa situation méridionale et, surtout, de la largeur de la presqu'île médocaine à sa hauteur, Margaux bénéficie d'un microclimat favorable. Le cœur de l'appellation, dans les communes de Cantenac et Margaux, correspond à un plateau de graves blanches (avec une matrice sableuse et limoneuse), découpé en croupes. C'est là que se trouvent de nombreux crus classé, Margaux étant l'appellation qui en compte le plus (18) de tout le Médoc. Le plus célèbre est Château Margaux. Splendide demeure néo-classique construite par Combes pour le marquis de la Colonilla, il a remplacé un château fort et commande un vignoble aussi imposant par sa superficie (75 ha) que par son terroir. Celui-ci tire son intérêt de la rencontre de plusieurs éléments : une richesse exceptionnelle en graviers, un site de rebord de plateau, qui facilite le drainage, de l'eau et un sous-sol calcaire offrant une bonne complémentarité par rapport au sol.

En raison de sa taille, elle présente une certaine diversité dans ses structures foncières qui ne se résument pas aux seuls grands crus classés, notamment dans le nord de l'appellation, où la commune de Soussans est un secteur de petites propriétés. Mais un important élément unificateur est apporté par le fait que les trois-quart des exploitations pratiquent l'élevage des vins jusqu'à la mise en bouteilles ; ce qui constitue une aubaine pour les amateurs de vins à découvrir qui trouveront leur bonheur dans les nombreux crus bourgeois que comptent Margaux.

Les graves donnent aux vins de Margaux leur caractères majeurs, à savoir une finesse aromatique rare, une harmonie exceptionnelle, une remarquabe aptitude au vieillissement et une très grande élégance. D'une grande complexité, ils se marient avec de nombreux mets pourvu qu'ils ne soient ni trop épicés, ni trop sucrés. Ce qui ne les empêche pas de manifester clairement une préférence toute pariculière pour les mets les plus fins.

Quelques vins à noter parmi les les plus renommés :

En crus classés : châteaux Margaux (SCA à Margaux) et Palmer (à Cantenac), en tête de l'appellation ; Brane Cantenac (Lurton à Cantenac), Dauzac (Sté à Labarde), Desmirail (Lurton à Cantenac), Durfort-Vivens (Lurton à Margaux), Giscours (Tari à Labarde), Kirwan (Schröder et Schÿler à Cantenac), Lascombes (Sté à Margaux), Malescot Saint-Exupery (Zuger à Margaux), Marquis de Termes (Séneclause à Margaux) et Rausan-Ségla (Sté à Margaux) ;

En crus non classés : châteaux Angludet (Sichel à Cantenac), Labégorce-Zédé (à Margaux), Monbrison (Davis à Arsac), Siran (SC à Labarde) et Vincent (Domec à Cantenac).

MOULIS

Vin rouge ;
Superficie : environ 480 ha ;
Production : environ 22 000 hl par an ;
Cépages : cabernet sauvignon, cabernet franc, merlot,
malbec et petit verdot ;
Densité de plantation : 6 500 pieds/ha ;
Rendement moyen/an : 47 hl/ha ;
Sucre naturel : au moins 162 g/l ;
Degré alcoolique : de 10° à 13°.

Rappelant par son nom, venant de moulins en gascon, l'époque où les céréales constituaient la principale culture du Médoc, Moulis est aujourd'hui l'appellation des crus bourgeois, qui assurent la plus grande part de la production. Géographiquement, elle ne s'organise pas, comme les autres communales, parallèlement au fleuve. Au contraire, elle forme une bande étroite qui s'étire le long d'un axe est - ouest pour venir côtoyer le Médoc forestier. Cette disposition fait de Moulis un résumé des terroirs médocains avec : à l'est, un beau secteur de graves "garonnaises" (les croupes de Poujeaux, Maucaillou et Chasse-Spleen) ; au centre, une dépression aux terrains argilo-calcaires ; à l'ouest, des gaves "pyrénéennes".

Cette diversité des terroirs se retrouve dans la variété des vins. Bien que l'appellation soit la plus petite du Médoc, les vins peuvent aussi bien présenter une typicité médocaine très affirmée qu'un côté charnu ou plus robuste. Ils trouvent cependant leur dénominateur commun dans leur bouquet et dans leur mâche qui leur permettent d'accompagner des plats assez puissants ou relevés.

Quelques vins parmi les plus renommés :
Châteaux Chasse-Spleen (Villars), Maucaillou (Dourthe), Poujeaux (Theil).

LISTRAC-MEDOC

Vin rouge ;
Superficie : environ 700 ha ;
Production : environ 28 000 hl par an ;
Cépages : merlot, cabernet sauvignon, cabernet franc,
petit verdot, malbec ;
Densité de plantation : 6 500 pieds/ha ;
Rendement moyen/an : 48 hl/ha ;
Sucre naturel : au moins 162 g/l ;
Degré alcoolique : de 10° à 13°.

Partageant la situation occidentale et les trois terroirs de Moulis, Listrac-Médoc (plus connue sous le nom de Listrac) se différencie d'elle par sa taille, plus grande, par sa forme, plus ramassée, par la place que prend la plaine centrale et par son altitude, qui en fait le "toit du Médoc" avec une croupe de graves "pyrénéennes" atteignant 43 mètres (le point culminant du Médoc). La part des terrains argilo-calcaires et calcaires a eu des conséquences sur l'encépagement : atteignant parfois des pourcentages pouvant aller de 40% à 60% dans certaines propriétés, le merlot est souvent majoritaire ou fait jeu égal avec le cabernet sauvignon.

L'analyse des structures foncières révèle elle aussi des nuances avec Moulis : les crus bourgeois, tout en assurant 66% de la production, occupent une place un moins importante et, surtout, la superficie moyenne des propriétés descend à six hectares. Toutefois les effets de cet émiettement sont en partie compensés par l'importance de la cave coopérative. Elle a joué un grand rôle dans l'affirmation et la promotion de l'appellation, en devenant l'un des plus gros fournisseurs de la Compagnie des Wagons Lits.

Sa présence a également contribué au développement de la typicité des vins. Celle-ci s'exprime à travers leur vigueur : traditionnellement réputés pour leur vigueur et leur robustesse, les listrac tout en demeurant toujours bien colorés et dotés d'une solide charpente tannique, ont évolué dans les années 80 vers plus d'élégance et de finesse. Ils s'accordent très heureusement avec des mets comme les gibiers d'eau.

Quelques vins parmi les plus renommés :
Châteaux Clarke (Rothschild), Fonréaud (Chanfreau), Fourcas Dupré (SC), Fourcas Hosten (de Rivoyre), Fourcas Loubaney (SEA), Lestage (Chanfreau), Mayne Lalande (Lartigue), Peyredon Lagravette (Hostein) et Saransot Dupré (Raymond).

SAINT-JULIEN

Vin rouge ;
Superficie : environ 880 ha ;
Production : environ 40 000 hl par an ;
Crus classés : 11 ;
Cépages : cabernet sauvignon, cabernet franc, merlot,
petit verdot, malbec ;
Densité de plantation : 6 500 pieds/ha ;
Rendement moyen/an : 51 hl/ha ;
Sucre naturel : au moins 162 g/l ;
Degré alcoolique : de 10° à 13°.

Voisine méridionale de Pauillac, Saint-Julien est sans doute l'une des appellations les plus homogènes de toute la Gironde. Son unité tient d'abord au terroir, avec un plateau de graves ''garonnaises'' qui longe la Gironde sur 3,5 kilomètres ; dans le détail, il se présente sous la forme d'une série de croupes descendant doucement vers le fleuve, ce qui assure un excellent drainage naturel des sols. Hautement favorable au vignoble de qualité, cette configuration est encore favorisée par la proximité de l'estuaire, qui joue, comme à Pauillac, un rôle de régulateur thermique. Toujours comme à Pauillac le sous-sol, lui aussi très homogène, est constitué par une roche unique, le calcaire de Saint-Estèphe, qui favorise un enracinement profond de la vigne.

Sur le plan des structures d'exploitation, l'une des particularités majeures de l'appellation est la très forte concentration de crus classés, dont cinq seconds. Représentant près de 75 % de la production globale, ceux-ci ont donné à Saint-Julien un caractère d'appellation aristocratique que symbolisent les deux très beaux châteaux XVIIIᵉ, de Saint-Julien (aujourd'hui Langoa Barton) et de Beychevelle. Saint-Julien leur doit d'être une appellation de grandes propriétés, la superficie moyenne étant de 30 ha par producteur, contre neuf pour l'ensemble des communales (et 16,5 pour Margaux). Ce qui ne veut pas dire que les petits viticulteurs indépendants soient absents, bien au contraire ; l'un d'eux, Henri Martin, qui a reconstitué un cru classé (Saint-Pierre) et créé un bourgeois (le château Gloria) par des achats de parcelles bien choisies, a été l'une des figures marquantes de l'histoire des vins de Bordeaux : confondateur puis grand maître, pendant 40 ans, de la commanderie du Bontemps, il a exercé la présidence du C.I.V.B. pendant 18 ans celle du club des Girondins de Bordeaux pendant 10 ans.

D'une élégance exceptionnelle et d'une très bonne constitution, qu'annonce leur couleur très foncée, les saint-julien marient certains traits des pauillac, comme leur corps, avec d'autres, notamment la finesse, empruntés aux margaux. En entrant dans le détail, il sera possible de trouver des nuances entre les vins proches de la Gironde et ceux de l'intérieur, qui possèdent plus de chair ; mais tous présentent une excellente aptitude à la garde, leur longévité étant pratiquement équivalente à celle des pauillac. On les servira sur les volailles de choix, les gibiers à saveur fine et les belles pièces de viande, qu'ils mettent très bien en valeur.

Jeunes (trois ou quatre ans), ils pourront même donner un accord gourmand original sur un foie gras frais.

Quelques vins parmi les les plus renommés :

En crus classés : châteaux Beychevelle (Sté), Ducru-Beaucaillou (Borie), Gruaud Larose (Cordier à Bordeaux), Lagrange (Suntory), Léoville Las cases (Sté), Léoville Poyferré (Sté), Léoville et Langon Barton (Barton), Saint-Pierre (Triaud) et Talbot (Cordier) ;

En crus non classés : châteaux Gloria (Triaud), Moulin de la Rose (Delon) ;

En seconds vins : Clos du Marquis et Fiefs de Lagrange.

PAUILLAC

Vin rouge ;
Superficie : environ 1 100 ha ;
Production : environ 53 500 hl par an ;
Crus classés : 18 ;
Cépages : cabernet sauvignon, cabernet franc, merlot,
petit verdot, malbec ;
Densité de plantation : 6 500 pieds/ha ;
Rendement moyen/an : 51 hl/ha ;
Sucre naturel : au moins 162 g/l ;
Degré alcoolique : de 10° à 13°.

Pauillac doit sans doute son rôle de capitale du vignoble médocain à sa situation géographique, au cœur du Médoc viticole. Son prestige a été renforcé par la présence d'un avant-port de Bordeaux, fréquenté par des paquebots, dont le prestigieux "Atlantique", le précurseur de "Normandie" au début des années 30. Mais l'appellation, dont les limites se confondent avec celles de la commune doit surtout sa renommée à la qualité de son terroir.

Celui-ci possède une réelle homogénéité, du fait de sa taille relativement réduite et de la proximité de l'estuaire qui privilégie les formations de graves du *günz*.

Déposées par les crues de la "Rivière", ainsi qu'on nomme ici le fleuve et son estuaire, et remaniées, celles-ci ont donné naissance à de très belles croupes, reposant sur des argiles sannoisiennes et du calcaire à astéries stampien. Comme dans la région de Pessac et Léognan, le travail, tantôt d'alluvionnement, tantôt d'érosion, entrepris par les cours d'eau a donné aux versants des formes, convexes vers le haut et concaves vers le bas, qui sont à l'origine du "caractère inégalable des croupes pauillacaises" (*Atlas Hachette INAO*). Cette disposition se traduit par d'excellentes conditions de drainage que favorise également l'existence de deux façades en pente, l'une, classique, vers l'est et l'estuaire, l'autre en direction de la jalle du Breuil et de Saint-Estèphe.

La qualité du terroir pauillacais explique l'importance en surface des crus classés et la présence de trois premiers crus classés : Lafite-Rothschild, Latour (tous deux classés en 1855) et Mouton-Rothschild (classé en 1973). Leur situation dans l'appellation (deux au nord : Lafite et Mouton ; un au sud : Latour) correspond à l'une des originalités de Pauillac, qui, tout en étant d'une grande homogénéité, se partage en deux secteurs de plateaux vallonnés, situés sur les bordures septentrionale et méridionale de la commune dont le centre est occupé par la vallée d'un petit cours d'eau, le Gahet (toponyme peut-être lié à l'existence, au Moyen-Age, d'une communauté de ''cagots'', populations marginales).

Les différences séparant les deux terroirs apparaissent dans la couleur des graves : claires à Latour, plus jaunes et sombres à Lafite et, surtout, à Mouton, où l'on devine une matrice argileuse plus importante. Mais au-delà de ces nuances l'environnement de ces crus est éminemment favorable au vignoble de qualité. Ce qui explique l'intérêt qu'ont porté à ces quartiers les familles de parlementaires bordelais des XVIIᵉ et XVIIIᵉ siècles qui furent à l'origine des crus phares.

Au sud, sur le plateau de Saint-Lambert (ou Mambert dans certains documents anciens) Latour est un ancien château fortifié, dont les restes ont servi à construire au XIXᵉ siècle le pigeonnier qui domine les vignes. C'est à la fin du XVIᵉ siècle et au début du XVIIᵉ que les assises territoriales du domaine actuel sont constituées par les Mullet. Mais les grains l'emportent encore sur les vins qui ne sont toujours que d'honnêtes clarets. Autour de 1680 les aptitudes viticoles des gros galets, roulés, polis et brillants, qui tapissent son sol, commencent à être remarquées. Les vins de Latour font une percée en Angleterre, en compagnie de ceux de Haut-Brion, de Margaux et de Lafite. Par la suite de grands propriétaires et régisseurs, tels les Domenger (1774-1797) et Poitevin (1797-1807) introduisent des habitudes nouvelles. On prend l'habitude de séparer le ''grand vin'' du ''second vin'', on améliore les plantiers et, surtout, on draine les parcelles pour évacuer l'eau, véritable ''ennemie de la vigne''. Si la création du vignoble de Latour est l'œuvre des Mullet, c'est leur successeur, par mariage, Nicolas-Alexandre de Ségur, nommé à Versailles le ''Prince des Vignes'' qui assure la notoriété du domaine, en même temps que celle de Lafite, acquis par son père également par alliance matrimoniale.

Ancienne seigneurie, dont la juridiction s'étendait sur le nord de Pauillac, Lafite doit elle aussi aux Ségur d'avoir trouvé sa vocation viticole. Mais elle est aussi redevable aux Rothschild, qui ont acquis la propriété en 1868, de sa notoriété actuelle. Bordant Saint-Estèphe, le domaine est implanté sur le plateau du Pouyalet, qui se signale par son altitude, d'une trentaine de mètres, modeste mais déjà suffisante pour créer d'excellentes conditions de drainage des sols. Cette topographie favorable se retrouve chez son voisin Mouton. Appartenant à une autre branche de la famille Rothschild, ce cru s'appela d'abord Brane Mouton, du nom de la famille de robe qui le possédait au XVIIIᵉ siècle. D'abord simple ''résidence secondaire'' près du hameau du Pouyalet, le domaine commence à se couvrir de vignes vers 1725. Mais la propriété pauillacaise semble être moins importante aux yeux des Brane que leur cru de Cantenac (Brane Cantenac). En 1853 elle est achetée par Nathaniel Rothschild mais lors du classement de 1855 elle n'est toujours pas arrivé à exprimer pleinement les potentialités de son terroir. C'est avec Philippe de Rothschild, qui y consacre toute sa existence à partir de 1920, qu'elle y parvient, comme en témoigne son classement comme premier cru en 1973.

Pauillac est certainement le lieu où le cabernet-sauvignon trouve son expression la plus parfaite. Elle se traduit par un bouquet de cassis bien marqué et par une structure très puissante. Corsés et charpentés ils sont l'image la plus achevée des grands vins de garde, leur longévité étant exceptionnelle. Aux accords gourmands classiques pour le Médoc, ils ajoutent un mariage harmonieux avec les gibiers, le châteaubriand, la côte de bœuf à l'os et les gigots de mouton et d'agneau. Ces dernières ''épousailles'' allant de nature, le port médocain étant réputés pour ses agneaux.

Quelques vins parmi les plus renommés :
En crus classés : châteaux Latour (Sté), Mouton Rothschild et Lafite Rothschild (Rothschild), en tête de l'appellation ; D'Armailhac, Duhart Milon (Rothschild), Grand Puy Ducasse (SC), Grand Puy Lacoste (SC), Lynch Bages (Cazes), Pichon Longueville Baron (SC), Pichon Lalande (SC), Pontet Canet (Tesseron) ;
En crus non classés : Pibran (Axa) ;
En seconds vins : Carruades, Haut Bages Averous, Les forts de Latour, La réserve de la Comtesse, Les Tourelles de Longueville.

SAINT-ESTEPHE

Vin rouge ;
Superficie : environ 1 200 ha ;
Production : environ 60 000 hl par an ;
Crus classés : 5 ;
Cépages : cabernet sauvignon, cabernet franc, merlot,
petit verdot, malbec ;
Densité de plantation : 6500 pieds/ha ;
Rendement moyen/an : 52 hl/ha ;
Sucre naturel : au moins 162 g/l ;
Degré alcoolique : de 10° à 13°.

Saint-Estèphe s'individualise assez fortement dans l'ensemble du Haut-Médoc. Non seulement parce qu'elle est la plus la plus septentrionale des appellations communales, mais, surtout, par la diversité peu ordinaire de ses terroirs. Bien qu'elle soit située au bord de l'estuaire, la carte pédologique ne se limite pas aux seules graves blanches garonnaises. Sa variété se retrouve dans les paysages qui font le charme de la commune et qui permettent de comprendre pourquoi Calon était au XVIIIe siècle la propriété favorite des Ségur. Bien évidemment, l'encépagement a été adapté à ce contexte ; le merlot étant plus fortement représenté que dans les autres communales.

Sur le plan des structures foncières, Saint-Estèphe, qui comprend cinq crus classés, se signale par l'importance des crus bourgeois : au nombre de 48, ils représentent à peu près la moitié de la production. Très importante la cave coopérative assure environ un quart de la production. L'un des atouts majeurs de l'appellation est de permettre la découverte de beaux vins rendus très intéressants par leur rapport qualité-prix.

Contrairement à ce que pourrait laisser penser la plus forte représentation du merlot, les saint-estèphe ne sont pas des vins faciles. Un peu rude et agréablement rustiques dans leur jeunesse, ils nécessitent quelques temps pour se fondre ; en revanche ils possèdent une jolie structure qui autorise une bonne garde. Ils se plairont sur des mets à la fois simples et raffinés, comme les confits de canard ou d'oie ou, assez âgés (huit à 10 ans), sur un pintadeau à l'armagnac.

Quelques vins parmi les plus renommés :

En crus classés : Cos d'Estournel (Prats), Montrose (Charmolue), en tête de l'appellation ; Calon (Capbern Gasqueton) ;

En crus non classés : Haut Marbuzet (Duboscq), Meyney (Cordier), Phélan Ségur (Gardinier) Pomys (Arnaud Leyssac) ;

En seconds vins : Marbuzet.

LE CLASSEMENT DES VINS DU MEDOC
(1855 revu en 1973)

Nom	Appellation	Commune
Premiers crus		
Ch. Lafite Rothschild	Pauillac	Pauillac
Ch. Margaux	Margaux	Margaux
Ch. Latour	Pauillac	Pauillac
Ch. Haut-Brion	Graves	Pessac
Ch. Mouton Rothschild	Pauillac	Pauillac
Seconds crus		
Ch. Rausan Ségla	Margaux	Margaux
Ch. Rauzan Gassies	Margaux	Margaux
Ch. Léoville Las Cases	Saint-Julien	St Julien et Beychevelle
Ch. Léoville Poyferré	Saint-Julien	St Julien et Beychevelle
Ch. Léoville Barton	Saint-Julien	St Julien et Beychevelle
Ch. Durfort Vivens	Margaux	Margaux
Ch. Gruaud Larose	Saint-Julien	St Julien et Beychevelle
Ch. Lascombes	Margaux	Margaux
Ch. Brane Cantenac	Margaux	Cantenac
Ch. Pichon Longueville Baron	Pauillac	Pauillac
Ch. Pichon Longueville Comtesse de Lalande	Pauillac	Pauillac
Ch. Ducru Beaucaillou	Saint-Julien	St Julien et Beychevelle
Ch. Cos d'Estournel	Saint-Estèphe	Saint-Estèphe
Ch. Montrose	Saint-Estèphe	Saint-Estèphe

Troisièmes crus

Ch. Kirwan	Margaux	Cantenac
Ch. d'Issan	Margaux	Cantenac
Ch. Lagrange	Saint-Julien	St Julien et Beychevelle
Ch. Langoa Barton	Saint-Julien	St Julien et Beychevelle
Ch. Giscours	Margaux	Labarde
Ch. Malescot Saint-Exupéry	Margaux	Margaux
Ch. Calon Ségur	Saint-Estèphe	Saint-Estèphe
Ch. Ferrière	Margaux	Margaux
Ch. Boyd Cantenac	Margaux	Cantenac
Ch. Cantenac Brown	Margaux	Cantenac
Ch. Palmer	Margaux	Cantenac
Ch. La Lagune	Haut-Médoc	Ludon
Ch. Desmirail	Margaux	Margaux
Ch. Marquis d'Alesme Becker	Margaux	Margaux

Quatrièmes crus

Ch. Saint-Pierre	Saint-Julien	St Julien et Beychevelle
Ch. Talbot	Saint-Julien	St Julien et Beychevelle
Ch. Branaire Ducru	Saint-Julien	St Julien et Beychevelle
Ch. Duhart Milon	Pauillac	Pauillac
Ch. Pouget	Margaux	Cantenac
Ch. La Tour Carnet	Haut-Médoc	Saint-laurent
Ch. Lafon Rochet	Saint-Estèphe	Saint-Estèphe
Ch. Beychevelle	Saint-Julien	St Julien et Beychevelle
Ch. Prieuré Lichine	Margaux	Cantenac
Ch. Marquis de Terme	Margaux	Margaux

Cinquièmes crus

Ch. Pontet Canet	Pauillac	Pauillac
Ch. Batailley	Pauillac	Pauillac
Ch. Haut Batailley	Pauillac	Pauillac
Ch. Grand Puy Lacoste	Pauillac	Pauillac
Ch. Grand Puy Ducasse	Pauillac	Pauillac
Ch. Lynch Bages	Pauillac	Pauillac
Ch. Lynch Moussas	Pauillac	Pauillac
Ch. Dauzac	Margaux	Labarde
Ch. d'Armailhacq (ex. Baronne Philippe)	Pauillac	Pauillac
Ch. du Tertre	Margaux	Arsac
Ch. Haut Bages Libéral	Pauillac	Pauillac
Ch. Pédesclaux	Pauillac	Pauillac
Ch. Belgrave	Haut-Médoc	Saint-Laurent
Ch. Camensac	Haut-Médoc	Saint-Laurent
Ch. Cos Labory	Saint-Estèphe	Saint-Estèphe
Ch. Clerc Milon	Pauillac	Pauillac
Ch. Croizet Bages	Pauillac	Pauillac
Ch. Cantemerle	Haut-Médoc	Macau

LA REGION DES GRAVES

GRAVES
ET GRAVES SUPERIEURES

Vin rouge, blanc sec (Graves)
et moelleux (Graves supérieures) ;
Superficie : environ 1 800 ha (rouges), 960 (blancs secs)
et 400 (Graves supérieures) ;
Production : environ 80 000 hl par an (rouges), 42 500 (blancs secs),
7 000 (graves sup.) ;
Cépages : cabernet sauvignon, cabernet franc, merlot,
malbec et petit verdot (rouge),
sémillon, sauvignon et muscadelle (blanc) ;
Densité de plantation : 5000 pieds/ha ;
Rendement moyenne/an : 51 hl/ha (rouges),
51 (secs), 36 (sup.) ;
Sucre naturel : au moins 162 g/l (rouges), 144 (blancs),
187 (graves sup.) ;
Degré alcoolique : de 10° à 13° (rouges et secs),
12° et + (graves sup.).

Seule appellation à avoir été baptisée du nom d'un type de terroir, les Graves doivent cette particularité à l'originalité de leur sol. Comme celui du Médoc, il est formé de galets, de tailles et de couleurs diverses qui ont été apportés par les fleuves ayant précédé la Garonne. Liés par une matrice argileuse, ces cailloux polis présentent un grand intérêt viticole : reflétant les rayons du soleil ils favorisent la maturation du raisin. De ce fait ils s'accordent très bien avec le cabernet sauvignon, cépage assez lent à mûrir et qui demande un bon ensoleillement.

Le nom de Graves est apparu au Moyen Age, époque qui vit d'importantes plantations de vignes, pour alimenter le marché anglais. La proximité de Bordeaux et de son port a dû faciliter l'extension d'une culture tournée vers les marchés commerciaux. Par ailleurs, l'existence de vignobles loin au sud, vers Langon, permet de se demander, à titre d'hypothèse, si la nature du sol n'aurait pas pu jouer un rôle, les producteurs bordelais devant être prêts à expédier leurs productions tôt, dès le départ de la flotte d'automne.

Théoriquement l'appellation s'étend du nord de la banlieue bordelaise au sud de Langon. Mais à deux reprises son aire réelle s'est rétrécie. D'une part au XIXe siècle, quand l'essor des liquoreux a fait régresser la production de vins rouges dans le Sauternais ; d'autre part récemment lors de la création de l'A.O.C. communale Pessac-Léognan.

Dans les faits, l'appellation s'applique aux vins produits au sud de Martillac. Elle commence à La Brède, où se dresse le château de Montesquieu. Le philosophe y possédait une vigne blanche (aux Fougères), même si ses principaux crus se trouvaient à Martillac (Pessac léognan). Selon les cas, les terrains graveleux peuvent se présenter sous forme de croupes ou de terrasses, celles ci devenant plus fréquentes en allant vers le sud.

S'allongeant parallèlement à la Garonne sur une soixantaine de kilomètres, les Graves offrent une grande variété de types de terroirs et de microclimats. Les viticulteurs ont su en tirer profit pour produire des vins rouges et des vins blancs. Généralement secs, ceux-ci sont parfois aussi moelleux ou liquoreux, avec une appellation spécialisée dans ce domaine, celle des Graves supérieures.

Les graves rouges affirment leur personnalité par en tout premier lieu par leur bouquet, avec une note très caractéristique de violette et de fumée. Frais et élégants, ils sont bien constitués pour permettre une bonne garde. Ils se prêtent à de nombreux accords gourmands, notamment avec le magret, les rôtis, les cèpes et les gibiers à plume.

Les graves blancs (secs) possèdent eux aussi un bouquet très expressif. Frais, nerveux et élégants mais sans excès d'acidité, ils peuvent être associés avec de nombreux fruits de mer et poissons, sans être pour autant limités aux seuls accords marins.

D'une production plus confidentielle, les graves supérieures sont maintenant des liquoreux légers qui sont très intéressants dans les millésimes favorables aux vins doux.

Quelques vins parmi les les plus renommés :
En rouge : Châteaux : Archambeau (J.-Ph. Dubourdieu à Illats), Ardennes (Dubrey à Illats), Chantegrive (Lévêque à Podensac), Saint-Robert (C.F.F. à Preignac) ;

En blanc : Châteaux Brondelle, Chantegrive, clos Floridène, château Rahoul et Vieux Château Gaubert ;

A découvrir : les châteaux Le Bonnat (élaboré par l'équipe de Fieuzal), de Virelade (de Bengi de Puyvallée à Virelade), spécialiste des millésimes anciens commercialisant ses vins au bout de cinq ans.

PESSAC-LEOGNAN

Vin rouge et blanc ;
Superficie : environ 850 ha (rouges),
200 ha (blancs) ;
Production : environ 38 000 hl par an (rouges),
9200 (blancs) ;
Crus classés : 16 ;
Cépages : cabernet sauvignon, cabernet franc,
merlot, malbec et petit verdot (rouge),
sémillon, sauvignon et muscadelle (blanc) ;
Densité de plantation : 6 500 pieds/ha ;
Rendement moyen/an : hl/ha ;
Sucre naturel : au moins 162 g/l (rouges),
144 (blancs) ;
Degré alcoolique : de 10° à 13°.

S'étendant au sud et à l'ouest de Bordeaux jusqu'à Martillac, Pessac-Léognan est à la fois la plus jeune des appellations girondines et le plus ancien vignoble bordelais. Créée en 1987, sur le modèle des communales médocaines, elle recouvre théoriquement une vaste aire comprenant, outre celles de Pessac et Léognan, les communes de Cadaujac, Canéjean, Gradignan, Martillac, Mérignac, Saint-Médard d'Eyrans, Talence et Villenave d'Ornon. Théoriquement, car aux exclusions habituelles pour les communales (zones à vocation forestière ou palus) ce sont ajoutées les pertes dues à la croissance urbaine qui ont amputé l'A.O.C. de nombreuses propriétés, soit directement soit du fait des destructions de terroir engendrées par les gravières.

Dans certains cas, notamment à Pessac, les crus viticoles forment aujourd'hui des îlots dans un paysage urbain. Pourtant les terroirs de l'appellation comptent parmi les plus intéressants de la Gironde. Comme dans le reste des Graves, ils sont composés de galets, polis et luisants, englobés dans une matrice argileuse ou argilo-siliceuse. Mais il existe une grande différence avec les régions situés plus au sud : ici, comme dans le Haut-Médoc, les fleuves, au lieu de poursuivre leur course droit vers l'aval, ont semble-t-il obliqué vers l'est, en mélangeant et remaniant les apports antérieurs. Ce travail, qu'ont révélé les géologues Pierre Bécheler et Jean-Louis Vivière, a donné naissance à des croupes de graves d'un type particulier (les graves de remaniement) reconnaissables à leur diversité de couleurs. Comme en Médoc ces croupes sont très favorables aux vins rouges ; mais là ne s'arrête pas l'originalité du terroir : dans les zones basses ont été dégagés des faluns (calcaires marins) qui se prêtent tout particulièrement aux blancs.

Généreusement servis par la nature, les vignobles de Pessac-Léognan ont également largement bénéficié des circonstances historiques. D'abord au Moyen-Age, à une époque où dans toute l'Europe les vignobles etaient ''urbains'', c'est-à-dire voisins des centres de consommation ou d'expédition, la région a pu se couvrir de ceps très tôt grâce à la présence du port de Bordeaux. Ensuite, sous l'Ancien Régime la noblesse parlementaire s'est intéressée aux paroisses proches de la capitale de la Guyenne pour y établir ses résidences de campagne et placer ses revenus. C'est ainsi que furent constitués quelques uns des plus beaux crus du Bordelais par le patient rassemblement des parcelles les plus propices à la vigne.

Le plus célèbre de ces domaines est Haut-Brion, œuvre des Pontac. Aujourd'hui entièrement enclavé dans l'agglomération bordelaise, il forme un bel ensemble de plus de 60 hectares avec le domaine de la Mission Haut-Brion, qui appartient désormais au même propriétaire. Haut-Brion a joué un grand rôle dans l'histoire des vins de Bordeaux. Mais plus encore qu'à son passé, c'est à son terroir que la popriété doit son renom. Constitué d'une croupe remarquable de grosses graves, celui-ci montre toutes les nuances de microclimat qui peuvent apparaître dans un grand vignoble où quelques dizaines de mètres suffisent pour changer l'état de maturation de deux parcelles.

Quoique très différent, le terroir du domaine de Chevalier est lui aussi peu ordinaire : enclavé dans la forêt de pins, il s'étend sur un sol sablo-graveleux nappé de sables forestiers.

Tous les vins de Pessac-Léognan partagent, à un degré plus ou moins poussé, les caractéristiques majeures qui permettent à l'appellation de compter 16 crus classés. Aux traits généraux des graves, ils ajoutent, pour les rouges, une note charnue plus marquée, une structure tannique proche des médoc et un bouquet très complexe, avec des touches veloutées les rapprochant des pomerol. De leur côté, les blancs secs, qui sont les plus cotés de la Gironde, sont des vins de bonne garde, avec un bouquet très délicat de tilleul et de genêt. Celui-ci leur permet de ne pas se limiter aux accords gourmands classiques. Il faut, par exemple, les goûter sur des fromages à pâte dure.

Parmi les crus les plus renommés :
En rouges :
En crus classés : châteaux Haut-Brion et La Mission Haut-Brion (Clarence-Dillon à Pessac), en tête de l'appellation ; châteaux Carbonnieux (SC Grandes Graves à Léognan), domaine de Chevalier (Bernard à Léognan), châteaux de Fieuzal (Gribelin à Léognan), Haut-Bailly (Sanders à Cadaujac), La Mission Haut-Brion (Clarence-Dillon à Pessac), Larrivet Haut-Brion (Andros à Léognan), Latour Haut-Brion (Clarence-Dillon à Pessac), Malartic Lagravière (SC à Pessac), Pape Clément (Sté à Pessac) ;
En crus non classés : châteaux Cruzeau, La Louvière (Lurton à Grézillac) et Les Carmes Haut-Brion (à Pessac).
En blanc :
En crus classés : le domaine de Chevalier (en tête de l'appellation) ; les châteaux Carbonnieux, Latour Martillac (Kressmann à Martillac), Laville Haut-Brion (Clarence-Dillon à Pessac), Malartic Lagravière ;
En crus non classés : les châteaux Fieuzal, La Louvière, Larrivet Haut-Brion, Pontac Montplaisir (Maufras à Villenave d'Ornon), Rochemorin (Lurton) et Smith haut-Lafitte (Cathiard à Martillac).

LES GRANDS CRUS CLASSES DES GRAVES
(1959)

	En rouge	En blanc	Commune
Ch. Bouscaut	◊	◊	Cadaujac
Ch. Carbonnieux	◊	◊	Léognan
Dom. de Chevalier	◊	◊	Léognan
Ch. Couhins		◊	Villenave d'Ornon
Ch. Couhins Lurton		◊	Villenave d'Ornon
Ch. Fieuzal	◊		Léognan
Ch. Haut-Bailly	◊		Léognan
Ch. Haut-Brion	◊		Pessac
Ch. Laville Haut-Brion		◊	Pessac
Ch. Malartic Lagravière	◊	◊	Léognan
Ch. La Mission Haut-Brion	◊		Pessac
Ch. Olivier	◊	◊	Léognan
Ch. Pape Clément	◊		Pessac
Ch. Smith Haut-Lafitte	◊		Martillac
Ch. Latour Haut-Brion	◊		Pessac
Ch. Latour Martillac	◊	◊	Martillac

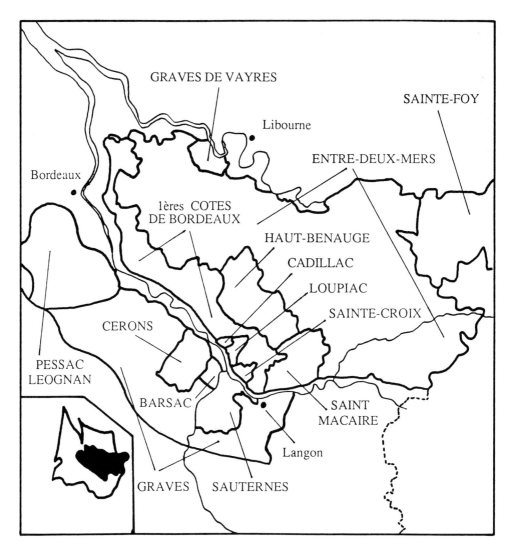

GRAVES DE VAYRES

SAINTE-FOY

Libourne

Bordeaux

ENTRE-DEUX-MERS

1ères COTES
DE BORDEAUX

HAUT-BENAUGE

CADILLAC

LOUPIAC

SAINTE-CROIX

CERONS

PESSAC
LEOGNAN

BARSAC

SAINT
MACAIRE

Langon

GRAVES   SAUTERNES

La rive gauche de la Dordogne.

LA REGION DES LIQUOREUX

SAUTERNES

Vin blanc liquoreux ;
Superficie : environ 1 400 ha ;
Production : environ 29 000 hl par an ;
Crus classés : 27 (y compris Barsac) ;
Cépages : sémillon, sauvignon, muscadelle ;
Densité de plantation : 6 500 pieds/ha ;
Rendement moyen/an : 21,6 hl/ha ;
Sucre naturel : au moins 221 g/l ;
Degré alcoolique : 13° minimum.

Sur une carte géologique ou pédologique de la Gironde rien ne sépare le Sauternais des Graves qui l'entourent au nord et au sud. Sur le terrain le promeneur qui découvre ce petit pays au nord de Langon passe d'une appellation à l'autre sans éprouver le moindre changement. Comme le reste de la rive gauche de la Garonne, l'appellation Sauternes, qui comprend en fait cinq communes (Sauternes, Bommes, Fargues de Langon, Preignac et Barsac), est constituée par une série de terrasses de graves, parfois modelées en croupes. En partant de la Garonne, on trouve d'abord des graves grossières et des terrains argilo-calcaires, puis, dans ce qu'on appelait autrefois le haut-Sauternes, des graves et des terrains argilo-graveleux ou silico-argilo-graveleux, avec des bancs d'argile qui occupe le sommet des croupes. Quant au sous-sol, il est varié mais toujours complémentaire des sols avec principalement : du calcaire et de l'argile à Bommes, Sauternes, Preignac et Barsac ; et de l'alios à Fargues et à Sauternes.

Mais, plus que la géologie ou la pédologie, c'est le climat et, derrière lui, l'hydrographie qui tiennent la vedette dans l'écosystème sauternais. L'élément déterminant est la présence d'un petit affluent de la Garonne : le Ciron , qui passe entre Barsac et Preignac. Comme beaucoup de cours d'eau des Landes, sa région natale, cette petite rivière ne voit pratiquement jamais les rayons du soleil à cause de la voûte de feuillages qui recouvre en permanence son lit. Aussi lorsque ses eaux viennent se mêler à celles de la Garonne, elles sont plus froides que celles du fleuve ; de leur rencontre naissent, en automne, des brouillards matinaux qui précèdent un fort ensoleillement dans l'après-midi. A cela s'ajoutant une humidité importante, due elle aussi aux eaux froides du Ciron, et une maturité précoce des raisins blancs, on obtient des conditions uniques pour que puisse se développer une "pourriture noble".

Provoquée par un champignon microscopique, le *botrytis cinerea* dont l'apparition est liée aux brouillards, celle-ci n'a rien de comparable avec un pourrissement. Ici pas de moisissure grise, mais un joli duvet brun sombre qui recouvre les raisins pendant qu'ils se racornissent, se déssèchent et se flétrissent. Parallèlement, l'attaque du *botrytis* augmente la teneur en sucre des grains, en libérant une partie de l'eau contenue dans la pulpe. Ce processus donne un moût plus concentré en goût et en arômes. Arrivées à ce stade, les baies sont "rôties" et prêtes à être cueillies, à condition, bien sûr, de ne pas présenter de lésions et que le *botrytis* ne soit pas accompagné par le penicilium, dont l'action serait néfaste.

Mais le champignon attaque grappe après grappe et souvent choisit certains grains, ignorant les autres. D'où les vendanges par "tries" (passages) successives, jusqu'à 11 parfois, pour ne couper que des grappes, voire des raisins, ayant atteint le moment optimum de concentration. Aussi, les vendanges en Sauternais, et dans la région des liquoreux, ne sont pas seulement tardives ; elles s'étalent sur plusieurs semaines, quatre, cinq, sept ou plus. Se prolongeant souvent en novembre, elles peuvent être menacées par n'importe quel accident météorologique.

Nul ne sait exactement à quelle époque le Sauternais a découvert sa vocation pour les liquoreux. Sans doute fut-elle contempraine de la révolution viticole des XVIIe et XVIIIe siècles. Elle a dû être préparée par une longue évolution. La tradition rapporte qu'au Moyen-Age les domaines ecclésiastiques produisaient, à côté du *claret*, un vin blanc doux sur le modèle méditerranéen. En tout état de cause, c'est au XIXe siècle que la vinification des liquoreux devient systématique et prend son visage actuel. Les initiateurs sont les grands châteaux, avec en tête Yquem.

Ancien manoir fortifié, le château d'Yquem tient une place à part dans le gotha des vins et vignobles de Bordeaux. Son classement de premier grand cru en témoigne. Le prestige du domaine tient au fait qu'il est toujours resté aux mains de la même famille, les Sauvage d'Yquem puis, après 1785, les Lur Saluces. Mais la principale explication réside dans l'originalité du terroir, formé d'une belle croupe d'argiles recouverte d'une mince couche de graves.

En Sauternais proprement dit (Sauternes, Bommes, Fargues et Preignac), on trouve deux types de propriétés viticoles : des très grandes, souvent - mais pas toujours - des crus classés, et de très petites, les moyennes (de 10 à 15 ha) étant extrêmement rares. Mais il existe un trait unificateur : la possession de bois.

Signalé déjà par Jefferson, en 1787, Yquem est l'un des crus phares du Bordelais.

Historiquement, c'est cet élément qui a permis à l'appellation de traverser mieux que d'autres les crises de la fin du XIXe siècle et de la première moitié du XXe : quand la vigne rapportait on plantait ou achetait des bois (des pins ou des acacias) que l'on coupait ensuite en cas de mévente du vin.

Ainsi malgré un rendement à l'hectare beaucoup plus faible que dans les autres vignobles et en dépit des faibles cours qu'ont connus les liquoreux jusqu'à la fin des années 1980, l'appellation a pu rester fidèle à sa spécialité.

Connaissant aujourd'hui une vogue justifiée, les sauternes sont des vins exceptionnels : fruités et nerveux, bouquetés et distingués dans leur jeunesse, ils deviennent onctueux et racés, en prenant de l'âge. Leur développement au palais est particulièrement harmonieux. Leur garde est supérieure à celle des grands vins rouges

Servi frais mais non frappé, le sauternes peut être traditionnel, sur un dessert (tarte, sorbet, salade de fruits) ou sur un foie gras. Mais il permet aussi de laisser aller l'imagination, par exemple dans une sauce, sur un fromage (roquefort, pâte persillée), sur un boudin aux pommes, sur un poulet de ferme, un poisson fin ou un melon.

Quelques vins parmi les les plus renommés :

En crus classés : le château d'Yquem (Lur Saluces à Sauternes), en tête de l'appellation ; les châteaux d'Arches (Perromat à Sauternes), Fargues (Lur Saluces à Fargues), Guiraud, Lafaurie Peyraguey (Ets Cordier à Bordeaux), La Tour Blanche (Ministère de l'Agriculture à Bommes), Malle (de Bournazel à Preignac), Rieussec (SA à Fargues), Sigalas Rabaud (GFA à Bommes) et Suduiraut (à Preignac) ;

En crus non classés : les châteaux Bastor-Lamontagne (CFF à Preignac), Haut Bergeron (Lamothe à Preignac), Raymond Lafon (à Sauternes), Saint-Amand (Ricard à Preignac) et Gilette (Médeville à Preignac), l'antiquaire des sauternes qui n'offre à la vente que des millésimes anciens.

BARSAC

Vin blanc liquoreux ;
Superficie : environ 650 ha ;
Production : environ 13 000 hl par an ;
Crus classés : 9 ;
Cépages : sémillon, sauvignon, muscadelle ;
Densité de plantation : 6 500 pieds/ha ;
Rendement moyen/an : 23 hl/ha ;
Sucre naturel : au moins 221 g/l ;
Degré alcoolique : 13° minimum.

Les crus de Barsac peuvent choisir entre deux appellations pour commercialiser leur production : Sauternes ou Barsac, cette dernière A.O.C. correspondant à la commune homonyme. Cette situation s'explique par des facteurs physiques et historiques. Séparée des autres communes du Sauternais par le Ciron et béníficiant pleinement des effets climatiques de la rivière, Barsac s'individualise par son terroir plus argilo-calcaire, avec un sous-sol de calcaire fissuré et des apports de sables rouges qui donne sa couleur au sol. De plus à Barsac le calcaire n'est jamais très profond. C'est ce qui explique les nombreux murs qui entourent les vignes. Parfois interprétés comme des marques de propriété, ils ont, en fait, été dressés avec les pierres que l'on ramenait à la surface en défonçant la terre.

Sur le plan historique, Barsac a toujours joué un rôle important, d'une part en tant que port d'embarquement des vins et d'autre part comme siège d'une prévôté. De nos jours encore l'appellation se singularise par ses structures foncières avec pratiquement pas de grands domaines mais un nombre important de moyennes propriétés (de 10 à 15 ha).

Les barsac diffèrent par quelques nuances des autres sauternes, le trait le plus marquant étant leur bouquet très développé avec des notes fruitées. Toutefois les traits essentiels demeurent les mêmes, ainsi que les accords gourmands.

Quelques vins parmi les plus renommés (en barsac et sauternes produits à Barsac) :

En crus classés : le château Climens (Lurton), en tête de l'appellation ; et les châteaux Coutet Doisy, Daëne (Dubourdieu à Barsac), Doisy-Védrines (Castéja à Barsac) ;

En crus non classés : le château Gravas (Bernard), Piada (Lalande).

A découvrir : le château Myrat (de Pontac), une grande étiquette ressucitée au début des années 1990.

CERONS

Vin blanc ;
Superficie : environ 85 ha ;
Production : environ 3100 hl par an ;
Cépages : sémillon, sauvignon, muscadelle ;
Densité de plantation : 6 500 pieds/ha
(5 000 sur certains types de terroir) ;
Rendement moyen/an : 30 hl/ha ;
Sucre naturel : au moins 212 g/l ;
Degré alcoolique : 12°5 de à 14° et +.

Située au nord de Barsac, l'appellation Cérons s'étend sur trois communes : Cérons, Illats et Podensac. L'A.O.C. Cérons s'applique exclusivement aux vins blancs. En fait, elle ne concerne qu'une petite quantité de liquoreux, les blancs secs étant commercialisés, comme les rouges, en tant que graves, les trois communes faisant partie à part entière de l'aire d'A.O.C. Graves.

Cette particularité peut surprendre mais elle s'explique par la nature du terroir de Cérons. Celui-ci comprend trois types de terrains : des graves non érodées ; un plateau calcaire érodé, de type ''Barsac'', à Illats qui appartient à la

Raisins atteints par la pourriture noble qui déssèche et flétrit les raisins tout en aug-
mentant leur teneur en sucre ; joli duvet brun sombre qui recouvre les raisins, en libé-
rant une partie de l'eau contenue dans la pulpe.

Deux des originalités du terroir de Barsac, les sables rouges qui donnent sa couleur au sol et les murs qui entourent les propriétés ; parfois interprétés comme des marques de propriété, ils ont, en fait, été dréssés avec les pierres que l'on ramenait à la surface en défonçant la terre.

dépression de Pujols - Barsac ; et de belles croupes de graves au milieu de zones érodées, notamment à Podensac.

Zone de transition entre les Graves et Barsac, Cérons donne des vins qui se rapprochent les uns des graves supérieurs, les autres des barsac. Dans les deux cas ils présentent une jolie sève. On les servira frais (8°) sur un poisson en sauce, sur des plats en gelée ou des desserts peu sucrés.

Quelques vins parmi les plus renommés :
Château de Cérons (Perromat à Cérons) et Grand Enclos du château de Cérons (Lataste à Cérons).

SAINTE-CROIX DU MONT

Vin blanc liquoreux ;
Superficie : environ 450 ha ;
Production : environ 16 500 hl par an ;
Cépages : sémillon, sauvignon et muscadelle ;
Densité de plantation : 5 000 pieds/ha ;
Rendement moyen/an : 38,5 hl/ha ;
Sucre naturel : au moins 221 g/l ;
Degré alcoolique : de 12°5 à 14° et +.

Située en face du Sauternais, qu'elle domine du haut de son coteau, l'appellation Sainte-Croix du Mont bénéficie des influences climatiques de la confluence de la Garonne et du Ciron. Les brouillards matinaux, en favorisant le développement du *botrytis*, permettent l'élaboration de vins blancs liquoreux.

Cette spécialisation se retrouve sur l'ensemble des appellations s'étendant sur la rive droite de la Garonne (Sainte-croix du Mont, Loupiac, Cadillac). Mais Sainte-Croix s'individualise par son terroir. Celui-ci se caractérise en effet par un coteau nettement marqué, qui est taillé dans un calcaire à coquilles, creusé de grottes. Ce talus, assez abrupt, ne porte que peu de vignes, les plus importantes étant situées sur le calcaire du miocène ou sur la haute terrasse qui occupe le sommet et dont le terroir est très favorable à la vigne.

D'une belle couleur or pâle, onctueux et relevé de notes aromatiques de miel, le sainte-croix du mont peut évoluer assez longtemps, certains millésimes très réussis des meilleurs crus pouvant atteindre un quart de siècle. Les accords gourmands sont pratiquement les mêmes que pour les liquoreux de la rive gauche (apéritifs, foie gras et fromages), avec pour quelques vins qui continuent à demeurer plus moelleux des possibilités intéressantes sur des viandes blanches, comme le poulet grillé, ou sur des poissons, comme l'alose ou le turbot sauce mousseline.

Quelques vins parmi les plus renommés :
Les châteaux : Crabitan-Bellevue (Solane), La Rame (Arnaud), Loubens (S.C.) et du Mont (Chouvac).

LOUPIAC

Vin blanc liquoreux ;
Superficie : environ 360 ha ;
Production : environ 13 000 hl par an ;
Cépages : sémillon, sauvignon, muscadelle ;
Densité de plantation : 5 000 pieds/ha ;
Rendement moyen/an : 34 hl/ha ;
Sucre naturel : au moins 221 g/l ;
Degré alcoolique : de 12°5 à 14° et +.

Située au nord de Sainte-Croix du Mont, en face de Barsac, cette appellation est très proche de sa voisine par les conditions physiques. Toutefois, le coteau y est déjà moins marqué, l'érosion ayant modelé des croupes ; par ailleurs, on trouve plus d'argiles et, en bas de pente, de colluvions (éboulis). Mais ici aussi le vignoble est implanté essentiellement sur la haute terrasse.

Comme ceux de Sainte-Croix du Mont les producteurs ont su tirer profit du renouveau des vins blancs liquoreux de ces dernières années pour faire évoluer leur production vers la qualité. Le résultat a été là aussi très concluant. Le niveau qualitatif des loupiac équivaut à celui des sainte-croix du mont, d'autant que certains producteurs sont à cheval sur les deux appellations. La notoriété de l'A.O.C. est toutefois un peu plus faible en France, du fait que Loupiac a mis plus de temps à venir à la vente directe et n'a pas bénéficié d'un site touristique aussi attractif.

Le style des vins est maintenant celui d'authentiques liquoreux, avec quelques traits spécifiques, comme une note délicate et voluptueuse qui les rend particulièrement plaisants à déguster jeunes, notamment en apéritif, tout en offrant les mêmes possibilités d'accord gourmand que les autres liquoreux. Ils sont particulièrement indiqués pour la recherche d'associations insolites, par exemple avec des huîtres ou avec un filet de porc.

A noter parmi les vins les plus renommés :
Les châteaux du Cros (Boyer) et Peyrot-Marges (Chassagnol) ainsi que les domaines du Chaÿ (Tourré) et du Noble (Déjean).

CADILLAC

Vin blanc liquoreux ;
Superficie : environ 100 ha (pour les liquoreux A.O.C. Cadillac,
l'aire de l'appellation produisant aussi des premières côtes) ;
Production : environ 3 000 hl par an ;
Cépages : sémillon, sauvignon, muscadelle ;
Densité de plantation : 4 500 pieds/ha,
Rendement moyen/an : 32 hl/ha ;
Sucre naturel : au moins 221 g/l ;
Degré alcoolique : de 12°5 à 14° et +.

Bien que s'étendant sur 22 communes, les vignobles produisant les vins

"Tate-vin, sonde, pipette", quelque soit le nom qu'on lui donne, le tube de verre a bout éfilé qui sert à retirer du vin de la barrique agrémente la dégustation dans un chai de la beauté d'un geste qui demande de la dextérité.

Plus que tout autre vin, les grands liquoreux offrent un spectacle particulièrement séduisant, avec leurs robes d'or nuancées de mille reflets.

liquoreux A.O.C. Cadillac ne doivent guère dépasser les 80 hectares, répartis en une douzaine de crus.

Ce paradoxe s'explique aisément par le fait que l'aire d'appellation a également droit à l'A.O.C. Premières Côtes de Bordeaux (rouges et blancs) et que l'appellation Cadillac soit très jeune : elle a été créée par un décret d'août 1973, contre septembre 1936 pour Loupiac et Sainte-Croix du Mont. Par ailleurs, ses exigences qualitatives, notamment l'obligation de la mise en bouteilles à la propriété, n'ont pas incité certains propriétaires à la demander à une époque où le marché des vins doux posait de sérieux problèmes.

Mais, par son exemple, elle joué un rôle de locomotive dans ce secteur et elle a tiré vers le haut les premières côtes blancs, dont l'aire d'appellation remonte plus au nord mais qui partagent avec elle le même syndicat. Grâce à quoi, ceux-ci ont pu devenir d'authentiques liquoreux. De plus, elle réserve de belles découvertes à l'oenophile un peu curieux. Un peu moins puissant que ses voisins méridionaux et plus souple, le cadillac est un vin qui peut être servi plus jeune et s'accorder avec de nombreux plats. Comme les autres liquoreux de la rive droite, il se prête tout naturellement à certaines préparations culinaires, comme le glaçage de l'alose au four ou des côtes de porc.

Quelques vins parmi les plus renommés :

Ch. Fayau (Médeville à cadillac), Ch. Manos (Niotout à Haux), Ch. Mémoires (Menard à St-Maixant), ch. Renon (Boucherie à Tabanac).

LES CRUS CLASSES DU SAUTERNAIS

Nom du cru	Commune	Nom du cru	Commune
Premier cru supérieur			
Ch. d'Yquem	Sauternes		
Premiers crus			
Ch. Climens	Barsac	Ch. Rabaud Promis	Bommes
Ch. Coutet	Barsac	Ch. Sigalas Rabaud	Bommes
Ch. Guiraud	Sauternes	Ch. Rieussec	Fargues
Ch. Lafaurie Peyraguey	Bommes	Ch. Suduiraut	Preignac
Ch. Haut Peyraguey	Bommes	Ch. La Tour Blanche	Bommes
Ch. Rayne Vigneau	Bommes		
Seconds crus			
Ch. d'Arche	Sauternes	Ch. Lamothe (Despujols)	Sauternes
Ch. Broustet	Barsac	Ch. Lamothe (Guignard)	Sauternes
Ch. Nairac	Barsac	Ch. de Malle	Preignac
Ch. Caillou	Barsac	Ch. Myrat	Barsac
Ch. Doisy Daëne	Barsac	Ch. Romer	Fargues
Ch. Doisy Dubroca	Barsac	Ch. Romer (du Hayot)	Fargues
Ch. Doisy Védrines	Barsac	Ch. Suau	Barsac
Ch. Filhot	Sauternes		

LA REGION DE L'ENTRE DEUX MERS
(appellations entre Garonne et Dordogne)

ENTRE-DEUX-MERS
ET ENTRE-DEUX-MERS HAUT-BENAUGE

Vin blanc sec ;
Superficie : environ 2 300 ha (23 000 avec les AOC génériques
produits sur l'aire d'appellation) ;
Production : environ 150 000 hl par an ;
Cépages : sémillon, sauvignon, muscadelle ;
Densité de plantation : 4 500 pieds/ha ;
Rendement moyen/an : 56 hl/ha ;
Sucre naturel : au moins 144 g/l ;
Degré alcoolique : de 10° à 13°.

Produisant exclusivement des vins blancs secs tranquilles, l'appellation Entre-deux-Mers s'étend sur la région comprise entre la Garonne, la Dordogne et la limite orientale du département de la Gironde, à l'exclusion des pays possédant l'une des appellations suivantes : Premières Côtes de Bordeaux, Côtes de Bordeaux Saint-Macaire, Cadillac, Loupiac, Sainte-Croix du Mont, Sainte-Foy Bordeaux et Graves de Vayres. Recouvrant près de 150 communes, elle est la plus vaste A.O.C. française désignant uniquement des vins blancs secs ; toutefois la quasi totalité des propriétés et caves de la zone d'appellation ont également une importante production des vins rouges, rosés, clairets et effervescents qui sont commercialisés dans les appellations Bordeaux et Bordeaux supérieur, dont la région est le premier producteur.

Elle tire son unité de sa topographie, avec un plateau aux vallonnements nombreux et irréguliers, le travail de l'érosion ayant été important. Morphologi-

Le château Benauge à Arbis fut jadis le siège d'une seigneurie dont le contour se retrouve en grande partie dans l'appellation de Haute-Benauge qui doit sa spécialité (les vins blancs) à ses sols de boulbènes.

Après les vendanges et avant de prendre son cycle de repos, les vignobles se parent à l'automne de leurs plus belles couleurs.

quement, elle forme une table constituée d'une couche épaisse de calcaires tendres, recouvrant des molasses (visibles dans les fonds de vallée) et surmontés, au sud, d'argiles. Du fait de sa constitution et de ses dimensions, elle présente une grande variété de terroirs ; ceux-ci peuvent être regroupés en quatre groupes principaux, avec pour dominante :

— le long de la Dordogne, une zone argilo-calcaire dominant le fleuve par un coteau bien marqué ;

— dans la partie centrale et sud du plateau (cantons de Pellegrue, Sauveterre et Targon), le revêtement limoneux a donné naissance à des sols très particuliers que l'on rencontre généralement sur les versants nords : les boulbènes ; celles-ci sont très favorables aux cépages blancs, notamment au sémillon ; sur les versants méridionaux apparaissent, au fur et à mesure que l'on s'approche des Premières Côtes, des graviers et des calcaires ; pour des raisons historiques (voir Bordeaux Haut-Benauge), une partie des communes de ce secteur ont droit à la dénomination ''Haut-Benauge'' ;

— au nord, dans la région de Saint-Loubès et Sainte-Eulalie, apparaissent, à côté des terrains argilo-calcaires, des bancs de graves, complétés, vers Vayres, de zones sablonneuses ;

— à l'est, autour du Dropt et vers la limite du Lot-et-Garonne, les sols limoneux deviennent plus nombreux.

A cette diversité des terroirs s'ajoute un morcellement des exploitations, dont la taille moyenne tourne autour de 13 hectares. Toutefois, l'importance du mouvement coopératif apporte un correctif unificateur : au nombre de 17, les caves regroupent quelque 380 viticulteurs (sur 650 récoltants) et un tiers de la production.

Après avoir cherché sa voie, notamment par la production de vins moelleux, l'appellation a fait un gros effort pour définir son identité, en revenant au vin blanc sec, et en améliorant la qualité. L'élément décisif de cette recherche a été la mise en place d'un examen particulièrement rigoureux pour l'agréage. Parallèlement s'est développée la mise en bouteille à la propriété qui représente aujourd'hui plus du quart de la production.

Les caractéristiques des vins reflètent à la fois l'unité et la diversité de l'appellation. Ainsi, ceux de la région nord, qui produit également des très beaux bordeaux rouges, possèdent un corps particulier, cependant que ceux qui naissent sur des sols froids (limoneux et argilo-limoneux) s'individualisent par leur bouquet. Généralement, celui-ci présente un caractère floral, avec des notes qui rappellent les fleurs poussent près dans les vignes au printemps (jonquilles, anémones, tulipes, narcisses).

Toutefois les vins de l'Entre-deux-Mers possèdent une réelle typicité. Celle-ci tient en premier lieu à leur caractère de vin d'assemblage. Si l'on pénètre plus avant dans leur physionomie, on découvre tour à tour une robe or pâle, un bouquet aux notes de raisin mûr et d'agrumes, un palais léger, frais, vif et fruité, avec une sève et un goût particuliers. A ce portrait robot de l'Entre-deux-Mers classique, il convient d'ajouter quelques nuances obtenues grâce à l'évolution des techniques oenologiques, qui ont connu les mêmes mutations que celles utilisées pour les bordeaux secs. Ainsi certains vins tendent actuellement vers un renforcement des arômes floraux (genêt, buis, aubépine, iris, bourgeon de cassis), liés au développement du cépage sauvignon, et de fruits exotiques, apportés par la vinification ; parallèlement, ils prennent plus de gras, tout en conservant leur côté frais et fruité.

Ce sont d'ailleurs ces deux traits qui déterminent les accords gourmands les mieux adaptés à l'Entre-deux-Mers. Vins à consommer frais (entre 8° et 10°) et jeunes (obligatoirement pour les classiques et de préférence pour les "modernes", obtenus par macération pelliculaire et élevage en barriques), dans l'année qui suit la vendange, il s'accommodent tout particulièrement des poissons et, surtout, des fruits de mer. Mais ils peuvent également se marier avec les hors d'œuvre, les charcuteries, (la tradition bordelaise voulant que les huîtres soient accompagnées de saucisses), les viandes blanches et être servis en apéritif, pour reprendre un goût "anglo-saxon".

Quelques vins parmi les plus renommés :

Les châteaux Bonnet (d'André Lurton à Grézillac), actuellement en tête de l'appellation ; Haut Rian (Dietrich à Rions), Hauts Sainte-Marie (Dupuch à Créon), Launay (Rémy Greffier à Soussac), Nardique La Gravière (Thérèse à St-Genès de Lombaud), Reynier (Lurton Dominique à Nérigean), Tour de Mirambeau (Despagne à Naujan et Postiac) et parmi les caves coopératives le Gamage ou Les Chevaux des Girondins (tous deux de l'Union Saint-Vincent à Saint-Vincent de Pertignas).

GRAVES DE VAYRES

Vin rouge et blanc ;
Superficie : environ 290 ha (rouge), 200 (blancs) ;
Production : environ 12 500 hl par an (rouges), 10 000 (blancs) ;
Cépages : merlot, cabernet sauvignon, cabernet franc, carménère,
malbec et petit verdot (rouges), sémillon, sauvignon, muscadelle (blancs) ;
Densité de plantation : 4 500 pieds/ha ;
Rendement moyen/an : 53 hl/ha ;
Sucre naturel : au moins 162 g/l (rouges), 161 (blancs) ;
Degré alcoolique : de 10° à 13° (rouges), 10,5° à 14,5° (blancs).

Situées sur la rive gauche de la Dordogne, face à Fronsac, les Graves de Vayres doivent leur nom et leur originalité à une terrasse ancienne de graves un peu argileuses. Ce petit terroir (la commune de Vayres et une partie du plateau d'Arveyres) présente de bonnes aptitudes, notamment pour les vins rouges. Mais l'appellation souffre de deux maux : d'une part pendant longtemps elle a produit des vins blancs adaptés à certains marchés d'exportation spécifiques au lieu de cultiver sa spécificité. D'autre part la proximité de Bordeaux et de Libourne l'a privé de nombreux terrains, pris pour les lotissements et pour les liaisons routières entre les deux villes.

En dépit de ces emprises urbaines et routières, l'appellation dispose encore d'atouts, notamment du très beau château éponyme et de la présence du fleuve qui doivent lui permettre d'utiliser le tourisme comme moyen de communication.

Les vins blancs sont normalement moelleux mais ils présentent une courbe de fermentation qui leur permet d'être aussi secs. Dans un cas comme dans l'autre ils sont fins et bouquetés. Les vins rouges issus des terroirs de graves possèdent la délicatesse, spécifique à ce type de sol. L'un de leurs accords gourmands préférés est le mouton en carbonade, cependant que les blancs s'harmonisent plus volontiers avec le cochon de lait en gelée.

Quelques vins parmi les plus renommés :
Châteaux Bel-Air (S.C. à Vayres), Goudichaud (Glotin à Vayres) et Pichon Bellevue (Reclus à Vayres).

PREMIERES COTES DE BORDEAUX

Vin rouge et blanc ;
Superficie : environ 2 300 ha, 800 ha (blanc) ;
Production : environ 91 000 hl par an (rouges),
27 500 (blancs avec Cadillac) ;
Cépages : merlot, cabernet sauvignon, cabernet franc,
malbec, (rouges),
sémillon, sauvignon, muscadelle (blancs) ;
Densité de plantation : 4 500 pieds/ha ;
Rendement moyen/an : 46 hl/ha (rouges),
44 (blancs) ;
Sucre naturel : au moins 162 g/l (rouges),
200 (blancs) ;
Degré alcoolique : de 10° à 13° (rouges), 11,8° et + (blancs).

"Hauts de Garonne", "Coteaux de Garonne", les géographes et responsables girondins n'ont jamais su comment désigner le coteau bordant à l'ouest le plateau de l'Entre-deux-Mers. Si, du fait de son étirement (plus de 60 kilomètres de long sur à peine cinq de large), il n'a jamais pu former un véritable pays, viticolement il constitue un terroir qui s'individualise fortement.

Son unité provient de son relief, avec un coteau, souvent assez abrupt, qui domine la vallée de la Garonne, réduite à une étroite plaine en pente sur la rive droite. Dans le détail les paysages varient beaucoup d'un endroit à l'autre. Schématiquement on trouve : près du fleuve, des palus (hors appellation) et des alluvions anciennes ; puis, au pied des versants, des colluvions d'éboulis ; sur les pentes, de la molasse ou du calcaire ; enfin, au sommet et sur le plateau, des boulbènes et des poches de graves grises et de gravilles.

La vigne n'occupe pas toute la surface, ce qui fait le charme de la région. Les viticulteurs ont sélectionné les terrains les plus favorables ; tant pour les vins rouges que pour les blancs. Les premiers trouvent surtout leurs terroirs de prédilection au nord de l'appellation, même si l'on trouve d'excellents crus dans d'autres secteurs ; les blancs, hier moelleux et sans grande personnalité mais aujourd'hui plus liquoreux et d'excellente qualité, proviennent plutôt du sud (leur aire d'appellation, qui se confond dans une large mesure avec celle des cadillac, remontent moins au nord que celle des rouges).

Si elles comptent quelques grandes unités, les Premières Côtes de Bordeaux sont représentatives du groupe des côtes par leurs structures d'exploitation et leur paysage humain. Beaucoup de propriétés ne dépassent pas les 10 hectares et conservent un caractère familial. Depuis longtemps, les Premières Côtes sont le vignoble des Bordelais, attirés par le charme des coteaux et des bords de la Garonne avec leurs hameaux, leurs ports et leurs cabanes de pêcheurs.

Les vins rouges montrent leur appartenance à l'ensemble des Côtes par leur puissance, leur couleur, leur finesse et leur sève. Ils peuvent être consommés jeunes ou âgés (jusqu'à six ou huit ans pour les millésimes de garde).

De leur côté, les blancs présentent un riche bouquet et gardent une certaine souplesse qui fait leur charme et leur permet des accords gourmands assez larges.

Quelques vins parmi les plus renommés :
En rouge : Châteaux : Brethous (Verdier à Camblanes), Haux (Jorgensen à Haux), Pic (Regnault à Le Tourne), Plassan (Brianceau à Tabanac), Puy-Bardens (Lamiable à Cambes), Reynon (Dubourdieu à Béguey), Suau (Aldebert à Capian) ;
En blanc : Château du Cayla (Doche à Rions).

BORDEAUX HAUT-BENAUGE
ET COTES DE BORDEAUX SAINT-MACAIRE

Vin blanc ;
Superficie : environ 100 ha (Haut-Benauge) ;
Production : regoupée avec les appellations Bordeaux
(Ht Benauge) 1 700 hl (St Macaire)
Cépages : sémillon, sauvignon, muscadelle ;
Densité de plantation : 4 500 pieds/ha ;
Rendement moyen/an : 44 hl/ha (St Macaire) ;
Sucre naturel : au moins 195 g/l (Ht Benauge), 178 (St Macaire) ;
Degré alcoolique : 11,5° et + (Ht Benauge),
de à 11,5° à 13° (St Macaire).

BORDEAUX HAUT BENAUGE

S'étendant sur la partie centrale de l'Entre-deux-Mers, l'appellation Bordeaux Haut Benauge doit son existence à un ancien pays historique : la vicomté de Benauge dont restent (à Arbis) les vestiges d'un puissant château fort. Comme l'A.O.C. Entre-deux-Mers Haut Benauge, elle s'étend sur neuf communes, disposant, grâce aux boulbènes, de sols favorables aux vignes blanches.

Bien qu'elle soit une appellation de moelleux, elle peut aussi produire des blancs secs, qui sont très proches des entre-deux-mers. Outre les A.O.C. généri-

Le vignoble de l'Entre-deux-Mers dans la région de Rauzan.

ques Bordeaux, les producteurs peuvent d'ailleurs choisir entre les trois appellations Bordeaux Haut Benauge, Entre-deux-Mers et Entre-deux-Mers Haut Benauge pour commercialiser leurs secs.

COTES DE BORDEAUX SAINT-MACAIRE

Prolongeant les Premières Côtes et les liquoreux vers le sud, cette appellation est spécialisée dans les vins doux. Très proches des premières côtes moelleux, ses vins sont à servir jeunes.

Quelques vins parmi les plus renommés :
Haut Benauge : Ch. de Bertin (Ferran à Cantois).

SAINTE-FOY BORDEAUX

Vin rouge et blanc ;
Superficie : environ 60 ha (rouges), 60 (blancs) ;
Production : environ 2 700 hl par an, 3 000 (blancs) ;
Cépages : merlot, cabernet sauvignon et franc, malbec (rouges),
sémillon, sauvignon, muscadelle (blancs) ;
Densité de plantation : 2 000 pieds/ha ;
Rendement maximum autorisé : hl/ha ;
Sucre naturel : au moins 162 g/l (rouges), 144 (blancs) ;
Degré alcoolique : de 10° à 13° (rouges),
10° à 14,5° (blancs).

A demi enclavé dans le département de la Dordogne, le Pays Foyen prolonge vers l'est l'Entre-deux-Mers. Très dynamique autour de sa capitale, Sainte-Foy la Grande, ce petit territoire porte la marque de l'influence protestante, la Réforme ayant été très implantée dans la vallée de la Dordogne ; mais ce n'est pas à son passé qu'il doit de posséder sa propre A.O.C.

Il se caractérise, en effet, par un terroir assez original avec une table calcaire, au modelé très travaillé par l'érosion, et marqué par une succession de petites vallées profondes. Dans le bas des côtes on trouve des terrains sablonneux, avec une présence non négligeable de boulbènes.

Celles-ci expliquent que la région ait été surtout connue pour ses blancs moelleux (l'appellation peut aussi produire des secs), dont la production a fortement décru au cours des dernières années. Mais ce terroir est très bien adapté pour la production de vins rouges, tanniques et charpentés, le calcaire donnant des vins un peu sauvages dans leur jeunesse mais s'affinant par la suite. Malheureusement dans ce secteur l'appellation reste un peu confidentielle, beaucoup de producteurs préférant travailler dans les A.O.C. génériques.

Quelques vins parmi les plus renommés :
La cave Univitis.

LE BLAYAIS ET LE BOURGEAIS

Prolongement du plateau calcaire du Libournais, le Blayais et le Bourgeais sont des terres d'élection du merlot qui constitue 70% de l'ensemble des cépages rouges. Les vins blancs, qui ont presque entièrement disparu du Bourgeais, sont encore bien représentés en Blayais. La répartition de l'encépagement fait apparaître une forte proportion de colombard et d'ugni blanc. Mais il s'agit là de vignes des A.O.C. Blaye et Blayais qui sont aujourd'hui en voie de disparition, les producteurs préférant évoluer vers les appellations plus exigeantes et plus prestigieuses des Côtes et Premières Côtes de Blaye.

COTES DE BLAYE
PREMIERES COTES DE BLAYE

Vin rouge et blanc sec (1ères Côtes), vin blanc sec (Côtes) ;
Superficie : environ 4 000 ha (rouges), 640 (blancs :
A.O.C. Blayais : 320, Côtes de Blaye : 300, 1ères Côtes de Blaye : 20) ;
Production : environ 150 000 hl par an (Côtes rouges),
38 000 (blancs dont 15 000 en Côtes) ;
Cépages : merlot, cabernets, malbec (rouges),
sémillon, sauvignon, muscadelle (côtes blancs) ;
Densité de plantation : 4 500 pieds/ha ;
Rendement moyen/an : 52 hl/ha (rouge), 51 hl/ha (blancs) ;
Sucre naturel : au moins 162 g/l (rouges), 144 (blancs) ;
Degré alcoolique : de 10° à 13° (Côtes), 9,5° à 12,5° (A.C. Blaye et Blayais).

Aux portes de la Charente maritime et du pays du cognac, le Blayais, parfois aussi appelé la Haute Gironde, est une terre de transition entre les régions d'oc et d'oïl.

Au pied du vignoble des châteaux Tayac et Eyquem, la presqu'île du Bec d'Ambès donne, le soir tombé, une dimension magique à la rencontre de la Dordogne et de la Garonne, comme pour rappeler ce que les vins de Bordeaux doivent à la présence des deux fleuves et de leur estuaire.

Propriété dans le Blayais.

L'une des particularités de ses vignobles est leur répartition en plusieurs ensembles correspondant à des terroirs bien spécifiques. Reporter les surfaces plantées en vignes sur une carte fait apparaître trois gros secteurs séparés les uns des autres par des vallées : l'un autour de Blaye, et de Cars ; le second au sud de Saint-Savin, de l'autre côté du Moron et de l'autoroute ; et le troisième au nord de l'appellation dans le secteur de Saint-Ciers. Si les deux premiers sont caractéristiques des côtes par leur topographie et leurs sols argilo-calcaires, avec des affleurement calcaires et des éboulis, notamment vers Cars, le troisième est assez différent. Annonçant déjà la Saintonge par sa topographie plus plane, il est composé de terrains mêlant les silices rouges aux sables blancs et à des graves, souvent de très bonne qualité.

Pendant longtemps la structure des exploitations, généralement petites et moyennes, et l'éloignement des villes de négoce ont desservi le développement de la viticulture. Mais la construction de la centrale nucléaire de Braud et Saint-Louis a permis son essor dans les années 1980, notamment dans la région de Saint-Ciers.

S'étant adaptée à la clientèle que lui a apportée la centrale, l'appellation offre souvent d'intéressants rapports qualité-prix ; tant pour les vins blancs, que pour les rouges.

Ceux-ci, notamment ceux qui proviennent du secteur de Saint-Ciers, sont souvent un peu plus souples et légers que les autres vins des Côtes mais ils compensent leur moindre puissance par une très belle couleur, de très agréables saveurs fruiteés et une réelle élégance. D'une bonne garde quand ils sont originaires de la partie sud de l'appellation, ils sont à consommer un peu plus jeunes s'ils ont été produits dans le nord.

Souples et fruités, les blancs accompagneront très heureusement les fruits de mer et les autres entrées à base de produits halieutiques.

Quelques vins parmi les les plus renommés :

Châteaux Haut Bertinerie (Bantegnies à Cubzenais), L'Escadre (Carreau à Cars), Les Jonqueyres (Montaut à Saint-Paul de Blaye), Loumède (SCE à Blaye), Peyredoulle (Germain à Berson), Sociondo (Elie à Blaye).

COTES DE BOURG

Vin rouge et blanc ;
Superficie : environ 3 450 ha (rouge), 30 ha (blanc) ;
Production : environ 150 000 hl par an (rouges), 3 000 (blancs) ;
Cépages : merlot, cabernets sauvignon et franc, malbec (rouges),
sémillon, sauvignon, muscadelle (blancs) ;
Densité de plantation : 4 500 pieds/ha,
Rendement moyen/an : 52 hl/ha (rouges), 42 hl/ha (blancs) ;
Sucre naturel : au moins 162 g/l (rouges), 144 (blancs) ;
Degré alcoolique : de 10° à 13°.

Plus modestes par leur taille que le Blayais, les Côtes de Bourg sont aussi plus homogènes. Leur terroir, qui correspond au canton homonyme, appartient dans son intégralité au type "côtes". Il est composé principalement de terrains argilo-calcaires, avec des poches de graves, notamment dans le secteur de Pugnac. Sa principale originalité est la disposition en trois paliers successifs des côtes qui s'avère particulièrement favorable à la vigne, en créant d'excellentes conditions de drainage et d'exposition. Nombreux sont donc les crus qui ajoutent aux avantages des influences de l'estuaire ceux d'un micro climat particulier. Celui-ci, qui a valu son nom de "Suisse girondine" à la Corniche de la Gironde, explique la présence de nombreux châteaux et manoirs des XVIIᵉ et XVIIIᵉ siècles dans la région.

Grâce à leur diversité de détail, les Côtes de Bourg ont pu pendant longtemps offrir des vins rouges et blancs (secs ou moelleux en A.O.C. Bourg, obligatoirement secs en Côtes de Bourg). Si ces derniers sont devenus rarissimes, elles recèlent de nombreux crus de rouges fort intéressants à découvrir ; d'autant plus que la région est une terre d'authentiques vignerons, exploitant directement leur propriété et personnalisant leur production.

Si la tradition voulait que l'encépagement accordât une part importante au malbec, l'évolution récente a été marquée par son déclin au profit du merlot. Les vins les plus typés "côtes" sont généralement ceux qui proviennent des zones argilo-calcaires. Ils sont puissants et corsés. Quand ils sont issus de terrains plus graveleux, ils privilégient alors l'élégance, qui est aussi recherchée par certains producteurs possédant des sols plus argileux. Les accords gourmands devront tenir compte de ces nuances. Toutefois d'une façon générale, ils accompagneront très heureusement de nombreux mets, dont les viandes rouges grillées et les plats discrètement épicés.

Quelques vins parmi les les plus renommés :
Châteaux Brûlesécaille (Rodet à Tauriac), Haut-Macô (Mallet à Tauriac), Guerry (de Rivoyre à Tauriac), Haut Guiraud (Bonnet à Saint-Ciers de Canesse), de La Grave (Bassereau à Bourg/Gironde), Macay (Latouche à Samonac), Mercier (Chéty à Saint-Trojan) et la cave de Tauriac.

Vendanges en Blayais Bourgeais.

Situé sur le point culminant de la commune de Bourg sur Gironde, au sommet d'une pente bien exposée, le château de La Grave illustre l'intérêt et les caractères majeurs des terroirs de côtes.

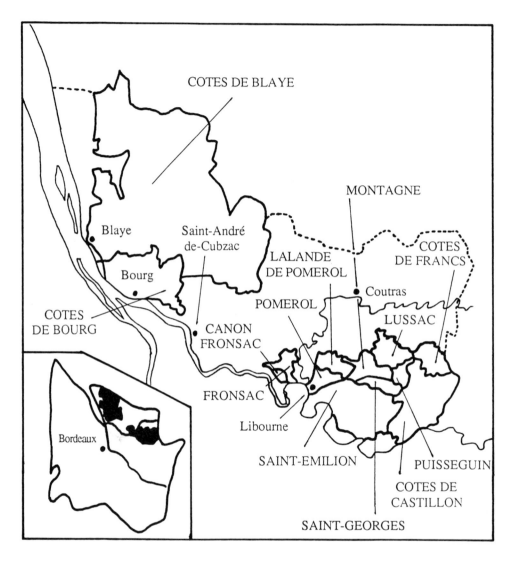

COTES DE BLAYE

MONTAGNE

Blaye

Saint-André
de-Cubzac

COTES
DE FRANCS

LALANDE
DE POMEROL

Bourg

Coutras

COTES
DE BOURG

POMEROL

LUSSAC

CANON
FRONSAC

FRONSAC

Libourne

SAINT-EMILION

PUISSEGUIN

COTES DE
CASTILLON

SAINT-GEORGES

Bordeaux

La rive droite de la Dordogne

LE LIBOURNAIS

FRONSAC

Vin rouge ;
Superficie : 900 ha ;
Production : environ 38 000 hl par an ;
Cépages : merlot, cabernets franc (bouchet) et sauvignon, malbec ;
Densité de plantation : 5 000 pieds/ha ;
Rendement moyen/an : 50 hl/ha ;
Sucre naturel : au moins 162 g/l ;
Degré alcoolique : de 10° à 13°.

Situé à l'ouest de Libourne, dans le coude formé par la confluence de la Dordogne et de l'Isle, le Fronsadais comprend sept communes que domine le tertre de Fronsac. Comme toutes les autres appellations du Libournais, celle de Fronsac, qui regroupe les 3/4 des vignes du Fronsadais, est réservée aux vins rouges. Marquée par un relief très vallonné avec une orientation dominante au sud, elle rappelle par certains traits celle de Saint-Emilion, notamment par l'association des terroirs de côte et de plateau. Majoritaire, ce dernier se rapproche de celui de Saint-Christophe des Bardes par sa table calcaire recouverte de terres rouges. L'appellation marque également son appartenance au Libournais par la taille souvent modeste des exploitations et par la place du merlot dans l'encépagement.

Très cotés aux XVIIIe et XIXe siècles, les vins de Fronsac se vendaient alors plus chers que beaucoup de saint-émilion. Par la suite ils ont connu une longue traversée du désert. Fort heureusement, stimulés par la prospérité des années 1980, les propriétaires du Fronsadais ont pris conscience des potentialités de leur région et ont amélioré leurs méthodes de travail en conséquence. Ce qui vaut

123

à l'appellation Fronsac d'être aujourd'hui l'une des plus riches en crus à découvrir ou à redécouvrir.

D'une bonne aptitude au vieillissement, les fronsac atteignent leur apogée entre quatre et sept ou huit ans selon les millésimes. Ils se signalent par une typicité très affirmée : colorés, corsés, riches en sève et en parfums, avec souvent une note épicée, ils manifestent leur personnalité par leur générosité (tanins opulents), qui s'accorde très bien avec leur longueur et leur bouquet fruité. Ils peuvent être servis sur de nombreux plats, mais montrent une certaine prédilection pour les gibiers, en raison de leur belle matière, notamment pour la grive aux raisins. Fait rare, les plus fins et souples réussissent à se marier avec la nouvelle cuisine et témoignent un faible tout particulier pour le magret de canard.

Quelques vins parmi les plus renommés :

Châteaux de Carles (Chastenet de Castaing à Saillans), Dalem (Rullier à Saillans), La Dauphine (Ets J.-P. Moueix à Libourne), La Vieille Cure (SNC à Saillans), Moulin Haut-Laroque (Hervé à Saillans).

CANON-FRONSAC

Vin rouge ;
Superficie : environ 300 ha ;
Production : environ 14 000 hl par an ;
Cépages : merlot, cabernet sauvignon et franc, malbec ;
Densité de plantation : 5 000 pieds/ha ;
Rendement moyen/an : 47,5 hl/ha ;
Sucre naturel : au moins 162 g/l ;
Degré alcoolique : de 10° à 13°.

Enclavée dans celle de Fronsac, l'appellation Canon-Fronsac s'étend sur les communes de Fronsac et Saint-Michel de Fronsac. Elle s'individualise par rapport aux autres secteurs du Fronsadais par son terroir, avec un beau plateau calcaire entrecoupé d'affleurements de molasse du Fronsadais à laquelle se mêlent des grès ; on retrouve cette molasse gréseuse sur la côte qui a valu son second nom à l'appellation : Côtes de Canon Fronsac.

La qualité du terrain explique celle des vins. Ceux-ci partagent les caractéristiques majeures des fronsac, mais en se distinguant par une plus grande aptitude au vieillissement ; ils atteignent leur apogée autour de sept à huit ans (voire 10) pour les millésimes de de garde et peuvent être bus à partir de quatre à cinq ans. Ils possèdent également plus de race et d'onctuosité. Très veloutés, avec beaucoup de finesse et une note épicée, ils accompagnent heureusement toutes les viandes rouges et peuvent s'accorder à de nombreux autres mets.

Quelques vins parmi les plus renommés :

Les châteaux Canon (Moueix à Fronsac), Cassagne Haut Canon (Dubois à St-Michel de Fronsac) et La Fleur Cailleau (Barre à Fronsac).

Joint au calcaire, le merlot offre à Saint-Emilion l'une des plus brillantes illustrations de la complémentarité du terroir et du cépage.

POMEROL

Vin rouge ;
Superficie : environ 750 ha ;
Production : environ 31 000 hl par an ;
Cépages : merlot, cabernets franc (bouchet)
et sauvignon, malbec ;
Densité de plantation : 5 500 pieds/ha ;
Rendement moyen/an : 42 hl/ha ;
Sucre naturel : au moins 162 g/l ;
Degré alcoolique : de 10° à 13°.

D'une taille modeste, sa superficie est inférieure à celle de Saint-Julien, sans classement, pratiquement sans château du vin à l'architecture ostentatoire, presque sans village, avec une église perdue dans les vignes, à première vue Pomerol ne ressemble guère au cliché stéréotypé de la grande A.O.C. communale. Pourtant son terroir en fait l'une des plus prestigieuses de la Gironde.

Derrière l'apparente monotonie du paysage se cache un entreboîtement complexe de terrasses d'argiles, entrecoupées de graves et complétées de sables éoliens transformés par endroits en limons. Pour simplifier, on peut diviser l'appellation en trois secteurs avec : au nord de Libourne, à proximité immédiate de la ville, des terrains essentiellement sablonneux (sable à armoise) ; au centre, autour du ''village'' de Pomerol, des sols graveleux ; enfin, au voisinage de Saint-Emilion des terroirs argilo-graveleux.

La présence de sols graveleux pourrait laisser penser que l'encépagement va accorder aux cabernets une place plus importante que dans le reste du Libournais. Pourtant, c'est tout le contraire qui se passe, avec une surreprésentation du merlot qui atteint 70% voire 80% dans certains crus parmi les meilleurs. L'explication est sans doute à rechercher dans le caractère beaucoup plus riche qu'en Médoc du sol, les graves, essentiellement originaires du Massif central, étant interrompues par des veines très argileuses.

L'une des grandes originalités et richesses du terroir pomerolais est la présence dans le sous-sol d'alios (grès ferrugineux). Nommés localement la ''crasse de fer'', ces bancs correspondent aux limites hautes et basses de la nappe phréatique.

L'expression la plus parfaite, bien que presque atypique, de la magie du sol pomerolais est Pétrus : rappelant par son originalité le cas d'Yquem à Sauternes, le célèbre cru se distingue des propriétés graveleuses qui l'entourent par sa matrice argileuse. Mais il s'agit d'une argile, sur graves, très particulière, car présentant la caractéristique de se gonfler par temps de pluie ; de plus, son sous-sol repose sur une base de crasse de fer. A cet ensemble géo-pédologique complexe s'ajoutent un encépagement à 95% de merlot, un micro climat plus ensoleillé, du fait de la topographie, et un travail du terroir exemplaire. Le succès de Pétrus, considéré par beaucoup de spécialistes comme le plus grand vin du monde, n'est pas dû au hasard. Pourtant, ce cru qui n'a pour château qu'une ''maison de poupée'' n'a émergé qu'au lendemain de la Seconde Guerre mondiale.

C'est son essor qui a entraîné le décollage de l'appellation en lui apportant la locomotive qui lui manquait jusque là. La taille modeste des propriétés (quatre hectares en moyenne actuellement) explique pourquoi le démarrage de Pomerol a été particulièrement tardif. D'autant plus que l'individualisme des producteurs leur a fait refuser de se doter d'une cave coopérative. Il est aussi à l'origine de l'absence de classement. Une attitude ne doit pas être interprétée comme une volonté de repli sur soi, mais plutôt comme un moyen de préserver la cohésion de la population.

Jamais en effet la viticulture pomerolaise n'a été plus conquérante qu'aujourd'hui, pas même au Moyen-Age, quand ses vins étaient très appréciés grâce à l'existence d'une importante commanderie des Hospitaliers de saint-Jean. Ronds, corsés, très riches en bouquet (avec des notes veloutées et un fumet de truffe, dû à la crasse de fer), puissants et de longue garde, les pomerol présentent aussi l'avantage de pouvoir être appréciés plus jeunes que les autres grandes appellations du Bordelais. ils sont particulièrement remarquables sur les gibiers.

Quelques vins parmi les plus renommés :

Le château Pétrus (Ets J.-P. Moueix à Libourne), en tête de l'appellation ; châteaux Bonalgue (Bourotte), Certan de May (Barreau Badar), Clinet (Ets Audy à Libourne), Clos du Clocher (Audy), La Conseillante (Nicolas), Lafleur (Robin), Lafleur-Pétrus (Moueix), Lagrange (Moueix), Lagrave-Trigant de Boisset (Ch. Moueix), Larose-Figeac (Despagne à Montagne Saint-Emilion), L'Evangile (Dom. Rothschild), Sales (GFA), Trotanoy (Moueix), Vieux Château Certan (Thienpont), Vray Croix de Gay (Guichard à Néac).

LALANDE DE POMEROL

Vin rouge ;
Superficie : environ 1 050 ha ;
Production : environ 38 500 hl par an ;
Cépages : merlot, cabernets franc (bouchet)
et sauvignon, malbec ;
Densité de plantation : 5 000 pieds/ha ;
Rendement moyen/an : 42 hl/ha ;
Sucre naturel : au moins 162 g/l ;
Degré alcoolique : de 10° à 13°.

Séparée de Pomerol, par la Barbanne, Lalande est à peine plus étendue que sa voisine. Mais c'est une appellation qui a connu une forte extension. En moins d'une décennie elle a progressé de 14% pour arriver à environ 1050 hectares.

Comme toutes les appellations du Libournais, elle est vouée aux de vins rouges, une vocation que justifie pleinement son terroir. Constitué de terrasses alluvionnaires anciennes, il comporte des graves et sables graveleux, avec d'intéressants secteurs de graviers sur argiles. Les propriétés les plus favorisées se situent

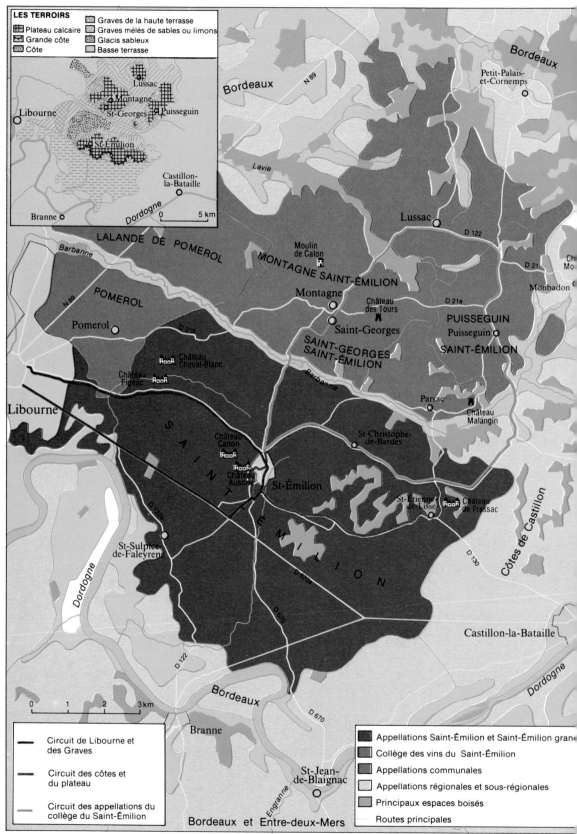

LES TERROIRS

Plateau calcaire
Grande côte
Côte
Graves de la haute terrasse
Graves mêlés de sables ou limons
Glacis sableux
Basse terrasse

Lussac
Montagne
St-Georges
Puisseguin
St-Émilion
Libourne
Castillon-la-Bataille
Branne
Dordogne
5 km

Bordeaux
N 89
Lavie
Barbanne
LALANDE DE POMEROL
POMEROL
N 89
Pomerol
D 21e
Château Cheval-Blanc
Château Figeac
Libourne

Moulin de Calon
MONTAGNE SAINT-ÉMILION
Montagne
Château des Tours
Saint-Georges
SAINT-GEORGES SAINT-ÉMILION
Barbanne
Lussac
D 122
D 21
Monbadon
Ch. Mo
PUISSEGUIN SAINT-ÉMILION
Puisseguin
D 21e
Parsac
Château Malangin
Petit-Palais-et-Cornemps

SAINT
Château Canon
Château Ausone
St-Émilion
ÉMILION
St Christophe-de-Bardes
St-Étienne-de-Lisse
Château de Pressac
Côtes de Castillon

D 122e
St-Sulpice-de-Faleyrens
Dordogne
D 670a
D 670
D 122
D 130
Castillon-la-Bataille
Dordogne

0   1   2   3km

Bordeaux
Branne
St-Jean-de-Blaignac
D 670
Engranne
Bordeaux et Entre-deux-Mers

Circuit de Libourne et des Graves
Circuit des côtes et du plateau
Circuit des appellations du collège du Saint-Émilion

Appellations Saint-Émilion et Saint-Émilion gran
Collège des vins du Saint-Émilion
Appellations communales
Appellations régionales et sous-régionales
Principaux espaces boisés
Routes principales

Carte : Patrick M

au sud de l'appellation, notamment sur le territoire de l'anciennne A.O.C. Néac, où elles jouissent d'une exposition méridionale.

Le vignoble de Lalande de Pomerol s'inscrit également dans le contexte régional du Libournais par ses origines et son histoire. Comme Pomerol il doit sans doute sa naissance aux Hospitaliers.

L'encépagement est classique du nord-est girondin mais avec une plus forte représentation des cabernets. Riches et veloutés, les lalande sont proches des pomerol et s'accordent avec les mêmes mets qu'eux.

Quelques vins parmi les plus renommés :

Les châteaux Bel-Air (Musset), Haut-Chatain (Junquas à Néac), Siaurac (Guichard à Néac) ou des Tourelles (Janoueix à Libourne).

SAINT-EMILION
ET SAINT-EMILION GRAND CRU

Vin rouge ;
Superficie : environ 2 200 ha (A.O.C. Saint-Emilion),
3 300 (A.O.C. Saint-Emilion grand cru) ;
Production : environ 230 000 hl par an
(dont 135 000 en grands crus) ;
Crus classés : 74, dont 11 premiers ;
Cépages : merlot, cabernets franc (bouchet) et sauvignon, malbec ;
Densité de plantation : 5 000 pieds/ha ;
Rendement moyen/an : 48 hl/ha (46, 5 en grands crus) ;
Sucre naturel : au moins 162 g/l
(171 pour les grands crus) ;
Degré alcoolique : de 10° à 13°.

Entourant d'une mer de vignes la vieille cité médiévale de Saint-Emilion, l'appellation homonyme s'individualise, non seulement dans le Libournais mais dans l'ensemble du Bordelais par deux traits originaux :

– le regroupement sur une même aire de deux A.O.C., Saint-Emilion et Saint-Emilion grand cru ; la seconde ne se définit pas par un territoire spécifique mais représente une sélection qualitative des crus ;

– et le type de classement adopté. Concernant l'appellation Saint-Emilion grand cru, celui-ci, qui ne comprend que deux groupes (grand cru classé et premier grand cru classé, avec une mention A ou B pour ce dernier), est soumis régulièrement à révision. La première a eu lieu en 1958 et la dernière en 1986 (avec la distinction de 63 grands crus classés et 11 châteaux premiers grands crus classés, dont deux ''A''). Parfois dure pour certains crus, cette actualisation régulière témoigne de la volonté des viticulteurs saint-émilionnais de garantir la qualité de leur production. Pour rester dans le domaine des particularités, signalons qu'il a même existé une A.O.C. Saint-Emilion grand cru classé.

Très ramassée, quand on la compare à celles de vignobles de même importance, l'aire des deux appellations s'étend sur les communes issues de l'ancienne juridiction médiévale de la Jurade : Saint-Emilion, Saint-Christophe des Bardes, Saint-Etienne de Lisse, Saint-Hippolyte, Saint-Laurent des Combes, Saint-Pey d'Armens, Saint-Sulpice de Faleyrens, Vignonet et une partie de Libourne.

Mais ses principales singularités tiennent au terroir et expliquent la personnalité de ses vins. Sur le plan climatique, on constate, par rapport à ses voisines, une tendance modératrice, due − sans doute − à la conjugaison de l'orographie (les plateaux et les côtes, voir *infra*) et l'hydrographie (la Dordogne et la Barbanne). L'un des signes les plus évidents de ces nuances mircoclimatiques est la présence dans de nombreux crus de chênes-verts, un arbre qui est assez souvent un gage de grande qualité des vins. Mais il ne faudrait pas exagérer l'impact de ce microclimat. Si l'on veut tenter de percer une partie du secret des vins de Saint-Emilion et du Saint-Emilionnais, il convient de prendre aussi en considération une autre composante de l'écosystème : les terrains (sols et sous-sols).

Dans ce domaine, l'aire des appellations Saint-Emilion et Saint-Emilion grand cru, fait preuve d'une originalité encore plus marquée qui justifie l'emploi du pluriel quand on parle des vins de Saint-Emilion, dont la diversité est l'un des charmes :

− Au centre de l'aire d'appellation, portant le village de Saint-Emilion, le plateau de calcaire à astéries, surmonté de sols minces, donne des vins à la fois bien charpentés, fins, racés et élégants, dont Canon est un bon exemple. Ces caractères correspondent aux traits habituels des vins produits sur des calcaires. Mais à Saint-Emilion la finesse est particulièrement accentuée, surtout dans la partie occidentale du plateau. Sans doute parce qu'il s'agit ici d'un calcaire très fissuré et planté de merlots. Loin d'être uniforme, le plateau se divise en deux parties bien distinctes. L'ouest est le domaine des sols et sous-sols tels que nous venons de les décrire ; à l'est, du côté de Saint-Christophe des Bardes, la couverture pédologique prend de l'importance avec une couche non négligeable de terres rouges.

− Autour de lui, la côte, terroir saint-émilionnais le plus connu, donne des vins puissants, au corps bien charpenté. Comme le plateau, elle ignore le monolithisme. Les côtes, car ici le pluriel s'impose, diffèrent selon qu'elles sont situées au nord ou au sud du plateau. Privilégiée par son microclimat (dû à l'orientation), cette dernière se compose de trois secteurs bien typés : le haut de côte, ou Grande-Côte, aux minces sols argilo-calcaires en forte pente, offre un terroir aux aptitudes exceptionnelles comme en témoigne la présence d'Ausone ; la mi-côte mêle les argilo-calcaires aux sables éoliens ; le pied de côte est plus sablonneux, avec des pentes moins affirmées.

− Au nord-ouest, à la limite de Pomerol, la haute terrasse de graves silico-argileuses produit des vins particulièrement remarquables pour leur finesse, comme Cheval-Blanc ou Figeac. Dans l'ensemble saint-émilionnais, dominé par le merlot, ce secteur s'individualise par sa plus forte proprortion de cabernets qu'explique la nature du sol.

− Séparant ces terroirs de graves du tertre de Saint-Emilion, un glacis sableux est formé de sables et de dépôts éoliens.

— Enfin, en bordure de la Dordogne, la basse terrasse est constituée d'éléments divers (graves et alluvions sableuses).

A la variété qu'apporte la diversité des terroirs et des paysages s'ajoute celle due aux structures d'exploitation, avec plus de 930 récoltants. Toutefois, il ne faudrait pas croire que les vins de Saint-Emilion ne présentent aucune analogie entre eux. Leur dénominateur commun vient de l'adéquation entre les terroirs et une association de cépages dans laquelle domine le merlot, complété par le cabernet franc (appelé localement bouchet), qui leur donne leur équilibre, leur longueur et leur finesse aromatique.

L'aptitude au vieillissement varie avec chaque cru, il n'existe aucune règle absolue, toutefois, dans les millésimes de garde, ils atteignent généralement leur apogée autour de quatre à huit ou 10 ans pour les saint-émilion et de six à 12 ou 15 ans pour saint-émilion grands crus, notamment les grands crus classés, qui peuvent évoluer favorablement pendant 20 ou 25 ans. Grâce à la variété de leurs sols, les vins de Saint-Emilion sont suffisamment nuancés pour pouvoir accompagner de très nombreux mets. Ils se marient très heureusement, notamment ceux de côte, avec les viandes rouges et les fromages. L'une de leurs principales caractéristiques est leur aptitude, rare pour un vin rouge, d'entrer dans la préparation de plats à base de poissons. Tout le monde pensera ici à la fameuse lamproie à la bordelaise mais il existe aussi une autre délicieuse spécialité locale : la truite au saint-émilion. En règle générale on servira les vins jeunes sur des plats assez simples (par exemple le pain de campagne, les charcuteries ou les fromages tendres) ou, surtout tant qu'ils très puissants et tanniques, sur des mets au goût accusé (comme les gibiers ou les sauces). Plus âgés et plus fondus, ils préféreront des rôtis, des gigots puis des volailles, des viandes blanches ou certains champignons. Ils pourront aussi être servis sur quelques desserts, comme les fraises ou les pêches au vin, ou sur des fruits confits. Mais, plus encore que pour le vieillissement, le goût est une affaire personnelle.

Quelques vins parmi les plus renommés :

En grands crus classés : châteaux Ausone (Ch Ausone à Saint-Emilion), Cheval Blanc (SC à Saint-Emilion), Canon (Fournier à Saint-Emilion) et Figeac (Manoncourt à Saint-Emilion), en tête de l'appellation ; Angélus (de Bouärd à Saint-Emilion), Balestard la Tonnelle (Capdemourlin à Saint-Emilion), Beauséjour (Duffau-Lagarosse à Saint-Emilion), Beau-Séjour Bécot (Bécot à Saint-Emilion), Belair (Dubois Challon à Saint-Emilion), Canon La Gaffelière (de Neipperg à Saint-Emilion), Clos Fourtet (SC à Saint-Emilion), Franc Mayne (AXA à Saint-Emilion), La Dominique (Fayat à Parempuyre), La Gaffelière (de Malet Roquefort à Saint-Emilion), Larmande (SCEV à Saint-Emilion), Magdeleine (J.-P. Moueix à Libourne), Mauvezin (Cassat à Saint-Emilion), Pavie (Valette à Saint-Emilion), Pavie Decesse (SCA à Saint-Emilion), Soutard (des Ligneris à Saint-Emilion), Trottevieille (Castéja à Saint-Emilion), Villemaurine (Giraud SA à Saint-André de Cubzac) ;

En grands crus : châteaux Carteau Côtes Daugay (Bertrand à Saint-Emilion), Chauvin (Ondet Février à Saint-Emilion), La Couspaude (Aubert à Saint-Emilion), La Grâce Dieu les Menuts (Pilotte à Saint-Emilion), Orisse du

Au sommet de la grande côte de Saint-Emilion, Ausone jouit d'un double privilège :
de remarquables pentes argilo-calcaires et une parfaite orientation méridionale.

Paysage viticole dans la région de Libourne.

Casse (Dubois à Saint-Sulpice de Faleyrens) et le Haut Quercus (marque de la cave coopérative).

LES VOISINS DE SAINT-EMILION
ET LES COTES

Au nord de Saint-Emilion, plusieurs appellations ont obtenu, dès 1923, le droit de faire figurer le nom de leur célèbre voisine après le leur. Il s'agit de Lussac, Montagne, Puisseguin et Saint-Georges ; auxquelles s'ajoutait à l'époque Parsac, appellation qui a été intégrée par la suite dans celle de Saint-Georges. Elles forment avec Saint-Emilion le Collège des Vins du Saint-Emilion (organisme commun de promotion).

Toutes ensembles elles couvrent une superficie de plus de 3 300 hectares. Se différenciant de Saint-Emilion par des nuances climatiques, avec une maturation souvent plus tardive, elles sont constituées de paysages de plateaux et de coteaux au relief bien marqué, mais présentent elles aussi une réelle variété, avec – outre des glacis sableux – trois grands types de terroirs :

– Des côtes aux sols sablo-argileux sur des sous-sols de calcaire et d'argile. Plusieurs de ces côtes, notamment celle de Saint-Georges Saint-Emilion, jouissent d'une exposition méridionale et de pentes (de molasses recouvertes d'éboulis) très favorables au drainage des sols. Elles donnent, notamment sur les pentes les plus hautes, des vins robustes.

– Des plateaux argilo-calcaires sur sous-sol de calcaire à astéries qui se rapprochent de celui de Saint-Emilion mais s'en différencient par une légère pente septentrionale.

– Des vallées argilo-graveleuses (graves mêlées de sables ou limons). Partout la présence d'un sous-sol de roche calcaire permet un enracinement profond des vignes, gage d'une alimentation saine de la plante. Elles offrent des vins à la fois aimables et vigoureux qui présentent une très réelle parenté avec les saint-émilions, tout en étant généralement de moins longue garde.

MONTAGNE SAINT-EMILION

Vin rouge ;
Superficie : environ 1500 ha ;
Production : environ 68 000 hl par an,
Cépages : merlot, cabernets franc (bouchet) et sauvignon, malbec ;
Densité de plantation : 5 000 pieds/ha ;
Rendement moyen/an : 51,4 hl/ha ;
Sucre naturel : au moins 162 g/l ;
Degré alcoolique : de 10° à 13°.

Des quatre appellations du nord du Saint-Emilionnais, Montagne est la plus vaste. Comme dans l'ensemble de la région, la vigne y cesse d'être une monoculture pour partager le terrain avec les prés et les bois. Mais elle se réserve les meilleurs sols viticoles. On retrouve la trilogie caractéristique de cette partie du Saint-Emilionnais mais avec les proportions suivantes :

— au nord, le secteur de nature silico-argileuse (argilo-sableuse) est assez réduit ;

— au centre, le plateau argilo-calcaire est plus conséquent, de même qu'au sud les coteaux calcaires, qui sont particulièrement beaux, notamment à saint-Georges et Parsac.

Du fait du terroir, les vins de Montagne Saint-Emilion sont assez caractéristiques du secteur ; les plus typés sont ceux des zones centrales et méridionales de l'appellation. Ils s'identifient par un côté charnu qui vient contrebalancer leur charpente pour leur donner un caractère aimable. Assez aromatiques mais très sensibles aux fluctuations climatiques, ceux du nord varient fortement avec les millésimes. Toutefois, à proximité de Néac, certains crus tendent à se rapprocher de ceux de Lalande de Pomerol. Ils conviennent parfaitement pour des repas entre amis avec de bons petits plats de la cuisine régionale, comme le chou farci.

Quelques vins parmi les plus renommés :
Châteaux Les Tuileries de Bayard (Laporte), Maison Blanche (Despagne), Vieux Château Saint-André (J.-Cl. Berrouet à Libourne).

LUSSAC SAINT-EMILION

Vin rouge ;
Superficie : environ 1 300 ha ;
Production : environ 58 000 hl par an ;
Cépages : merlot, cabernets sauvignon et franc, malbec ;
Densité de plantation : 5 000 pieds/ha ;
Rendement moyen/an : 52 hl/ha ;
Sucre naturel : au moins 162 g/l ;
Degré alcoolique : de 10° à 13°.

Séparée de Saint-Emilion par Montagne, Lussac est souvent présentée de manière schématique comme un plateau. En fait, l'appellation est beaucoup plus complexe et connaît la même division tripartite que ses voisines.

Toutefois, ici la zone des terrains froids est plus importante. S'étendant au nord et à l'ouest, vers Artigues, ces sols, argilo-sableux et sablo-graveleux, de formation continentale, sont dus aux sables du Périgord. Au centre, le plateau argilo-calcaire est classique ; quant aux coteaux calcaires, du sud et du sud-est, ils sont bien marqués mais d'une superficie beaucoup plus réduite.

Les vins présentent une certaine similitude avec ceux de Montagne et reflètent identiquement la diversité des terroirs. Comme eux ils atteignent généralement leur apogée au bout de trois à quatre ans et peuvent se garder jusqu'à sept ou huit ans.

Les accords gourmands sont identiques à ceux des montagne.

Un cuvier moderne.

Le calcaire qui donne leur personnalité aux vins du plateau de Saint-Emilion leur permet également d'être élevés dans d'excellentes conditions, de nombreuses carrières souterraines ayant été transformées en chais ; celles du château Clos Fourtet étant parmi les plus célèbres.

Quelques vins parmi les plus renommés :

Les châteaux Mayne Blanc (Boncheau), Vieux Château Chambeau (SC Ch. Branda à Puisseguin).

PUISSEGUIN SAINT-EMILION

Vin rouge ;
Superficie : environ 650 ha ;
Production : environ 32 000 hl par an,
Cépages : merlot, cabernets franc (bouchet) et sauvignon, malbec ;
Densité de plantation : 5 000 pieds/ha ;
Rendement moyen/an : 52 hl/ha ;
Sucre naturel : au moins 162 g/l ;
Degré alcoolique : de 10° à 13°.

L'appellation Puisseguin Saint-Emilion ne correspond plus à la commune de Puisseguin, celle-ci ayant été grossie de celle de Monbadon dont les vins sont commercialisés en A.O.C. Côtes de Castillon. Dans l'ensemble du Saint-Emilionnais elle s'individualise par un climat aux influences continentales plus marquées. La maturité est à la fois plus tardive et plus poussée.

Sur le plan géologique, elle marque sa différence par la place plus importante des calcaires, l'aire de l'appellation correspondant à une table calcaire creusée par l'érosion dont le travail a donné un plateau échancré et entaillé de vallées. Les puisseguin sont à la fois un peu plus rustiques et plus corsés que les autres vins du Saint-Emilionnais.

Quelques vins parmi les plus renommés :

Châteaux Branda (S.C.I.), des Laurets (Bécheau La Fonta) ; Les Producteurs Réunis (Cave coopérative de Puisseguin et Lussac).

SAINT-GEORGES

Vin rouge ;
Superficie : environ 170 ha ;
Production : environ 7 800 hl par an,
Cépages : merlot, cabernets franc (bouchet) et sauvignon, malbec ;
Densité de plantation : 5 000 pieds/ha ;
Rendement moyen/an : 53 hl/ha ;
Sucre naturel : au moins 162 g/l ;
Degré alcoolique : de 10° à 13°.

Comprise dans la commune de Montagne, Saint-Georges est la plus petite mais non la moindre des appellations du Saint-Emilionnais. Si les autres n'ont pas de château porte-drapeau, celui de Saint-Georges, parfait exemple de style

Louis XVI, est l'une des plus belles réussites du XVIIIᵉ siècle en Bordelais.

Mais le château n'est pas le seul atout dont a pu disposer l'appellation pour asseoir sa réputation. Coteau calcaire d'une grande homogénéité, son terroir est très proche de celui de la côte de Saint-Emilion. Comme elle, il bénéficie d'une très bonne exposition méridionale.

Ses vins sont les plus proches des saint-émilion et se prêtent aux mêmes accords gourmands qu'eux.

Quelques vins parmi les plus renommés :

Châteaux Calon (Boidron), Saint-Georges (Pétrus Dubois), Tour du Pas Saint-Georges (Dubois-Challon à Saint-Emilion).

COTES DE CASTILLON

Vin rouge ;
Superficie : environ 2 700 ha ;
Production : environ 120 000 hl par an,
Cépages : merlot, cabernets sauvignon et franc, malbec ;
Densité de plantation : 5 000 pieds/ha ;
Rendement moyen/an : 59,5 hl/ha ;
Sucre naturel : au moins 162 g/l ;
Degré alcoolique : de 10° à 13°.

A l'est de Saint-Emilion deux appellations, moins célèbres mais présentant un certain air de famille avec elle, appartiennent au groupe des Côtes et assurent la transition entre le Saint-Emilionnais proprement dit et les plateaux et sables miocènes du Périgord : les Côtes de Castillon et de Francs.

Bordant la Dordogne, les Côtes de Castillon ont changé de nom en 1985, l'appellation s'appelant autrefois ''Bordeaux Côtes de Castillon''. Mais elle a gardé sa délimitation. S'étendant sur neuf communes, elle rassemble deux types principaux de terroir : une plaine étroite dominant le fleuve et un plateau, de calcaire à astéries, flanqué d'un coteau.

Géographiquement les Côtes de Castillon possèdent une réelle personnalité. Toutefois, l'histoire, pour ne pas dire l'Histoire, joue un grand rôle dans l'identité locale, Castillon ayant servi de cadre, en 1453, à la dernière bataille de la guerre de Cent Ans.

Chaque terroir apporte sa marque aux vins ; ainsi, la plaine, d'excellente qualité, permet d'obtenir des vins souples et chaleureux, tandis que le plateau et le coteau donnent des vins plus typés ''côtes'', avec plus de puissance tannique et un plus grand potentiel de vieillissement (de six à huit ans). Mais tous ont en commun un caractère fin, fruité et généreux.

Quelques vins parmi les plus renommés :

Châteaux Belcier (SCA à Les Salles de Castillon), Blanzac (Despons à St-Magne de Castillon) et Castegens (de Fontenay à Belvès de Castillon).

BORDEAUX COTES DE FRANCS

Vin rouge (principalement) et vin blanc moelleux ;
Superficie : environ 450 ha (rouge) , 10 ha (blanc) ;
Production : environ 20 000 hl par an (rouges) ;
Cépages : merlot, cabernets franc (bouchet) et sauvignon, malbec ;
Densité de plantation : 2 000 pieds/ha (très supérieure en réalité) ;
Rendement moyen/an : 48 hl/ha (rouges) ;
Sucre naturel : au moins 162 g/l (rouges),
153 et 187 (blancs) ;
Degré alcoolique : de 10° à 13° (rouges),
10° à 12,5° ou 12° et + (blancs).

Prolongeant au nord les Côtes de Castillon, à une dizaine de kilomètres à l'est de Saint-Emilion, les Côtes de Francs appartiennent normalement au groupe des Bordeaux. Mais leur terroir les rapproche des côtes, avec des terrains calcaires, sur des buttes témoins, et argileux.

Malgré sa taille modeste et son nombre peu élevé de producteurs (une soixantaine, dont une quarantaine à la cave coopérative), l'appellation est actuellement en pleine renaissance. Depuis la fin des années 1980 elle a fait preuve d'un dynamisme qui n'est pas sans rappeler le réveil viticole de la commune de Jau et Dignac, en Médoc une dizaine d'années plus tôt, avec ici aussi un petit côté pionnier, dont le caractère novateur s'est marqué par un souci esthétique dans la conception des étiquettes. Mais la qualité des vins n'en a pas été pour autant oubliée. Corsés et généreux, les rouges sont généralement bien typés et très attrayants ; mais ils exigent des conditions climatiques favorables. Il est à noter que l'appellation, longtemps productrice de blancs moelleux cherche aujourd'hui à renouer avec cette production.

Quelques vins parmi les plus renommés :
Châteaux de Francs (Hébrard et de Bouärd), Puygueraud (Thienpont).

CRUS CLASSES DE SAINT-EMILION EN 1986
(presque tous sont situés dans la commune de Saint-Emilion)

PREMIERS GRANDS CRUS CLASSES

(A)
Ch. Ausone
Ch. Cheval Blanc

(B)

Ch. Beauséjour (Duffau)	Ch. La Gaffelière
Ch. Belair	Ch. Magdeleine
Ch. Canon	Ch. Pavie
Ch. Figeac	Ch. Trottevieille
Clos Fourtet	

140

S'échelonnant de décembre à mars, la taille n'est pas seulement la première étape des travaux viticoles ; renforçant la vigueur de la vigne par une diminution du nombre de rameaux et de grappes, elle exerce une influence importante sur les rendements et sur le visage, tant qualitatif que quantitatif, de la récolte à venir.

GRANDS CRUS CLASSES

Ch. Angélus
Ch. L'Arrosée
Ch. Balestard La Tonnelle
Ch. Beauséjour (Bécot)
Ch. Bellevue
Ch. Bergat
Ch. Berliquet
Ch. Cadet Piola
Ch. Canon La Gaffelière
Ch. Cap de Mourlin
Ch. Le Châtelet
Ch. Chauvet
Ch. La Clotte
Ch. La Clusière
Ch. Corbin (Giraud)
Ch. Corbin Michotte
Ch. Couvent des Jacobins
Ch. Croque Michotte
Ch. Curé Bon
Ch. Dassault
Ch. La Dominique
Ch. Faurie de Souchard
Ch. Fonplégade
Ch. Fonroque
Ch. Franc Mayne
Ch. Grand Barrail Lamarzelle Figeac
Ch. Grand Corbin
Ch. Grand Corbin Despagne
Ch. Grand Mayne
Ch. Grand Pontet
Ch. Guadet Saint-Julien

Ch. Haut Corbin
Ch. Haut Sarpe
Clos des Jacobins
Ch. Lamarzelle
Ch. Laniote
Ch. Larcis Ducasse
Ch. Larmande
Ch. Laroze
Clos de La Madeleine
Ch. Matras
Ch. Mauvezin
Ch. Moulin du Cadet
Clos de L'Oratoire
Ch. Pavie Decesse
Ch. Pavie Macquin
Ch. Pavillon Cadet
Ch. Petit Faurie de Soutard
Ch. Le Prieuré
Ch. Ripeau
Ch. Saint-Georges Côte Pavie
Clos saint-Martin
Ch. Sansonnet
Ch. La serre
Ch. Soutard
Ch. Tertre Daugay
Ch. La Tour Figeac
Ch. La Tour du Pin Figeac
Ch. Trimoulet
Ch. Troplong Mondot
Ch. Villemaurine
Ch. Yon Figeac.

TROISIEME PARTIE
LE GUIDE DU CONSOMMATEUR

DU CHAI A LA TABLE,
L'ACHAT ET LE SERVICE DES VINS

Avant d'arriver sur la table pour être dégusté, un vin de Bordeaux, surtout s'il est de longue garde, suit un circuit complexe, dont l'amateur a intérêt à connaître les rouages pour s'assurer d'acquérir la bouteille correspondant à son attente et pour la servir dans les meilleures conditions.

QUEL VIN ACHETER ?

Du fait du développement de la mise en bouteilles et de la vente directe par les propriétaires, le consommateur peut choisir aujourd'hui entre trois types de vins.

Le premier est le vin de cru, de ''château''. Son avantage est de présenter une origine géographique facilement identifiable : il est né sur une propriété dont on connaît l'emplacement et, partant, dont il est possible de découvrir le terroir. Grâce aux guides que l'on peut trouver en librairie, se renseigner sur la qualité de sa production ne soulève aucune difficulté majeure. De plus le choix est vaste ; le guide *Hachette*, pour ne citer que lui, comporte quelque 1500 références chaque année pour le Bordelais. Toutefois, il est important de savoir qu'une propriété peut élaborer des cuvées différentes, avec des seconds vins. Le fait qu'un producteur soit cité dans un guide ou un article pour un vin précis ne veut pas dire que l'ensemble de ses étiquettes soient du même niveau. Cette précaution étant prise, il faut préciser tout de suite que le consommateur peut trouver d'excellents rapports qualité/prix, et de bonnes affaires, parmi les seconds et les troisièmes vins. Dans certains cas ceux-ci étant élevés en cuves, notamment pour les bordeaux génériques et côtes, ils offrent l'avantage d'être consommables plus jeunes.

Proche du vin de cru est celui que proposent les caves coopératives. Outre

L'ultime étape avant le départ vers les caves et magasins du monde entier : la mise en bouteilles, ici chez l'un des plus célèbres négociants de la place de Bordeaux, la maison Schröder et Schÿler.

Ci-contre, l'ouillage, opération qui consiste à remplir les fûts qui ont perdu un peu de vin en raison de l'évaporation à travers le bois ; elle est accomplie avec un bidon ouilleur dont le tuyau est recourbé (photo P. Cronenberger/C.I.V.B.).

les châteaux dont elles vinifient la production, elles possèdent leurs propres marques. Dans ce cas, l'identification de l'origine est moins précise que pour une propriété particulière ; elle se limite généralement à la commune. C'est toutefois suffisant pour que l'on puisse découvrir le vin, ou le millésime, superbement réussi. La démarche d'achat et de recherche reste donc très proche de celle adoptée pour un cru. Là encore les guides contiennent une multitude de bonnes adresses.

Les vins du négoce s'éloignent assez profondément de ce schéma. L'identification se réduit à l'ensemble de l'aire d'appellation. Dans le cas des vins génériques (bordeaux et bordeaux supérieurs) elle est donc très large. Pour affirmer son identité, l'étiquette fait référence à deux concepts différents : soit un nom de personne ou de famille, soit une marque commerciale différente de la raison sociale de la firme. Parfois le consommateur est tenté d'accorder une confiance supérieure au vin dont le nom est personnalisé. Cette attitude est fondée lorsque l'entreprise appartient effectivement à la personne ou la famille dont le nom figure sur l'étiquette. Mais il faut savoir que très souvent il n'existe plus aucun lien entre les deux et qu'il n'y a aucune raison d'y attacher plus de valeur qu'à une marque, surtout quand celle-ci a représenté un gros effort financier pour son lancement. L'avantage des vins du négoce, réside dans leur régularité en qualité et dans une certaine constance du goût. Mais cette fidélité entraîne un inconvénient : il est plus difficile de découvrir le millésime exceptionnel. Autre inconvénient, ils sont moins présents dans les guides et la presse. Mais cet ennui est mineur ; du fait de leur régularité et de leur grande diffusion, le consommateur a toujours la possibilité de se procurer une bouteille pour la goûter avant d'acheter une quantité plus importante.

Quelque soit l'origine du vin, il va sans dire que, sauf cas particulier, dans toutes les appellations bordelaises l'achat en vrac par le consommateur individuel, qui se chargera de la mise en bouteilles lui même, doit être limité aux seuls besoins de la consommation à court ou moyen termes. Les vins de Bordeaux ayant en règle générale une espérance de vie très supérieure, il sera préférable de les acheter directement en bouteilles.

OU L'ACHETER ?

Autrefois très simples (producteur - négoce - cave), les circuits de distribution du vin se sont considérablement diversifiés depuis les années 1960. Aujourd'hui, le choix est très vaste.

Formule la plus ancienne, l'achat dans une cave (ou un magasin spécialisé) continue de présenter de sérieux avantages. Le caviste est irremplaçable pour le conseil et pour la découverte de bons vins offrant un excellent rapport qualité/prix. En outre, il pourra vous aider pour les accords gourmands. Chaque oenophile se devrait d'avoir sa cave habituelle.

L'achat chez le producteur, qu'il s'agisse d'une propriété particulière, d'une coopérative ou d'un négociant, est également une formule séduisante. Surtout lorsqu'elle permet le contact avec un authentique vigneron ; au conseil s'ajoute alors la connaissance de la vigne et du vin. Financièrement la formule est souvent avantageuse, notamment quand le consommateur a la possibilité de se déplacer pour acheter sur place. Mais son principal intérêt est de permettre de suivre d'année en année le vin qu'on aime. En revanche, l'achat "en primeur", c'est-à-dire avant qu'il ne soit élevé et mis en bouteilles, a perdu une partie de son attrait avec la baisse des prix du début des années 1990. Plus qu'une économie, elle apparaît aujourd'hui comme une garantie de posséder quelques bouteilles ou caisses d'un très grand vin, même si toute la récolte d'une année est vendue rapidement.

Formule moderne, rapide et économique, l'achat dans un entrepôt spécialisé est appelé à se développer avec l'extension des banlieues. Outre son caractère un peu dépersonnalisé, l'inconvénient majeur de ce système est de demander souvent d'acquérir les vins par lots de six ou douze bouteilles.

Autre méthode apparue récemment, les clubs offrent une solution intéressante pour les gens isolés ou pour les débutants qui recherchent un maximum d'informations. Mais il faut bien choisir son club.

Reste la grande surface. Principal point de vente des vins de Bordeaux (avec 70 % de la distribution), elle a fait peur pendant longtemps : lumière trop vive, chaleur, amplitude diurne, position debout des bouteilles, regroupement par forme de contenants ou niveau de prix et non par appellation... les rayons en faux rustique ou néo-classique n'effaçaient pas les craintes et les interrogations. Aujourd'hui tous ces reproches appartiennent au passé. Les enquêtes menées par la presse spécialisée l'ont montré. Toutes, ou presque, ont révélé également que les vraies bonnes affaires ne sont pas toujours celles que l'on croit. S'il faut parfois se méfier des petits châteaux à des prix cassés, surtout s'ils portent des noms strictement inconnus, il serait stupide de ne pas profiter des promotions faites sur de bons crus bourgeois ou assimilés. L'oenophile ne manquera pas non plus les foires aux vins qu'organisent les super et hypermarchés. Certes l'ambiance est un peu stressée et survoltée mais les rayons offrent alors à des prix imbattables quelques grands crus, voire des Mouton, Yquem ou Petrus, qui n'ont pas eu le temps de souffrir, ayant tout juste quitté les chais du négociant quand ils arrivent sur les rayons pour repartir presque sur l'heure vers la cave du consommateur.

COMMENT LE CONSERVER ?

Une fois le vin acheté, il reste à le conserver jusqu'au moment de l'ouvrir et de le déguster. Les vins de Bordeaux étant de grande garde, ils ne peuvent pas être stockés n'importe où. Pour vieillir dans de bonnes conditions, ils demandent à être placés dans une cave qui soit assez fraîche. L'idéal serait que la température restât constante, autour de 11° à 12° ou entre 10° et 14°. Toutefois, cela tient souvent du vœu pieux. Elle peut très bien passer de 7° ou 8° l'hiver à une vingtaine l'été, mais à condition que les changements de température se produisent progressivement. Le vin vieillira sans doute un peu plus rapidement mais les conséquences ne seront pas dramatiques. En revanche, il est capital qu'elle soit à l'abri des mauvaises odeurs, des trépidations, des lumières trop vives et des courants d'air, tout en étant correctement ventilée. Enfin, il faut qu'elle ne

En blanc, comme ici, ou en rouge, tout au long de la vinification et de l'élevage le maître de chai suit régulièrement l'évolution de son vin en examinant sa robe (photo C.I.V.B.).

Ci-contre, une image à faire rêver tout œnophile : le caveau d'un grand cru avec ses vieux millésimes ; ici le cellier du château Canon.

soit ni trop sèche, ni trop humide ; le degré d'hygrométrie devant s'approcher de 70 %.

Son aménagement sera fonction des goûts et des moyens de chacun. Avant de le commencer, il convient seulement de se rappeler que le nombre de vins risque d'augmenter sensiblement avec le temps et que l'accès aux rangements doit être assez facile pour permettre de prendre des bouteilles quand elles vont arriver à leur optimum. On peut construire soi-même ses casiers ; toutefois, si l'on utilise le bois comme matériau, il est souhaitable de ne pas chercher à faire des économies. Outre les risques de pourrissement, on court le danger de voir se développer des insectes qui pourraient attaquer les bouchons.

Pour des raisons de gain de place, les bouteilles vieilliront couchées. Cela présente en outre l'avantage de permettre au vin de rester en contact avec le bouchon, ce qui contribue à le garder étanche. Pour des raisons évidentes l'étiquette doit être dirigée vers le haut.

Pendant un long vieillissement il est recommandé de surveiller le niveau de vin dans la bouteille. Normalement celui-ci doit se situer vers le bas du goulot au bout de 15 ans, vers le haut de l'épaule (partie courbe de la bouteille) autour de 20 et vers la mi-épaule pour une bouteille d'un grand âge (50 ans et au-delà), mais jamais plus bas ; c'est alors le signe de problème.

Si l'on ne dispose pas de cave adaptée et s'il est impossible de la transformer, on peut avoir recours aux armoires d'appartement. Mais seulement pour des petites ou moyennes gardes, car, comme le fait remarquer Franck Dubourdieu, "elles ne sauraient offrir toutes les garanties pour le long terme à cause des vibrations émises par le compresseur."

L'amateur qui veut bien suivre sa cave et ses vins peut tenir un cahier de cave. Il lui suffit de prendre un carnet sur lequel il consacrera une page à chaque vin acheté. Il divisera chaque page en deux parties inégales. Sur la plus petite il notera : le nom du vin et de l'appellation, le millésime, la date et le prix d'achat. Sur la seconde, il tiendra l'état du stock et pour chaque sortie il établira une fiche de dégustation datée avec précision, en notant les caractères organoleptiques et l'accord gourmand si le vin est bu au cours d'un repas.

LE SERVICE DES VINS

La tenue d'un cahier ou livre de cave n'a rien d'obligatoire. Elle ne doit jamais devenir une contrainte gâchant le plaisir du vin. Il en est de même du service du vin. Toutefois quelques règles élémentaires doivent être observées pour profiter pleinement des qualités d'un vin de Bordeaux, surtout d'un millésime d'âge respectable.

Comme pour sa garde un vin vieux demande à être aussi peu bousculé que possible lors de son transport de la cave à la salle à manger. S'il est très ancien, il sera préférable d'aller le chercher dans la cave avec un panier (décanteur ou verseur) pour le laisser dans la position couchée.

L'élément le plus important pour assurer le succès de la dégustation ou du repas est de servir les vins à une température qui les mettent parfaitement en valeur. Celle-ci varie en fonction du type de vin :

— Pour un liquoreux elle se situera autour de 8°, car il doit être frais mais non frappé.

— Un vin blanc sec ou un rosé préférera une température légèrement plus élevée, entre 8° et 10°.

— Un vin blanc sec de grande origine (pessac-léognan) et un clairet sera servi à 11° ou 12°.

— Pour un vin rouge le thermomètre devra monter jusqu'à 17°, 17°, voire 18° pour les vins âgés de très grande origine ; jeunes, ils pourront être servis beaucoup frais, vers 14° ou 15°.

Jadis pour amener le vin à bonne température, on avait coutume de le "chambrer". Pour ce faire on plaçait la bouteille la pièce où elle allait être dégustée plusieurs heures à l'avance. Aujourd'hui l'expression est devenue un peu désuète dans un monde où les appartements sont plus près de 22° que de 15° ou 16°, comme les étaient les maisons de nos aïeux. Toutefois cela ne doit pas empêcher d'amener les vins à proximité de leur température idéale. Le temps nécessaire sera plus court et parfois, notamment en été, chambrer la bouteille reviendra à la rafraîchir, en l'enveloppant dans un linge humide.

Le débouchage nécessite lui aussi quelques précautions : avant d'enfoncer le tire-bouchon, il est souhaitable de d'essuyer le goulot avec un chiffon pour éliminer les impuretés qui pourraient s'y trouver ; ensuite il faut veiller à enfoncer complètement le tire-bouchon pour ne pas risquer de casser le bouchon. Enfin, après avoir ôter le bouchon, on peut passer un linge dans l'intérieur du goulot et il est nécessaire de humer le "miroir" du bouchon (partie en contact avec le vin) pour s'assurer qu'il ne présente pas d'odeur de liège (goût de bouchon).

Beaucoup d'oenophiles se demandent souvent quand il faut ouvrir une bouteille. Un vin nécessite en effet une aération pour être au mieux de sa forme. Pour un vin jeune, une demi-heure avant de la servir est l'idéal ; mais elle peut être ouverte sans problème au dernier moment. Pour un millésime plus ancien, il faut compter entre une demi-heure et une heure, voire deux heures, mais jamais plus de trois. En revanche, pour les plus âgés, les millésimes historiques ou ceux qui ont dépassés leur apogée, ce délai doit être ramené à une demi-heure maximum.

Si les points précédents font l'accord de tous les spécialistes, il est un débat qui les divise profondément : celui du décantage. Décanter un vin est le transvaser d'une bouteille dans une carafe. Généralement l'opération se déroule lentement devant une bougie, en tenant inclinées la bouteille et la carafe. Son objectif premier est de laisser dans la bouteille le dépôt qui s'y trouve quand le vin est âgé. Quelques experts (oenologues et sommeliers) estiment que cela n'apporte rien au vin et risque de l'éventer. Mais la majorité le recommandent pour plusieurs raisons : outre l'élimination du dépôt, il présente l'avantage d'aérer complètement le vin et il ajoute à l'agrément du repas la beauté d'une opération dont l'élégance évoque le savoir vivre d'antan. En fait, il est à conseiller, même pour des vins jeunes, surtout quand on doit les ouvrir au moment de les boire. C'est l'un des meilleurs moyens que l'on puisse trouver pour développer leur bouquet.

A table comme pour une dégustation, il est recommandé d'utiliser des verres "à bordeaux" ou "I.N.A.O." dont les formes (tulipe avec pied) et le volume

L'examen de la robe est la première étape de la dégustation ; l'intensité, la brillance et la limpidité de la couleur donnent de précieuses indications sur les qualités du vin (photo Twin/C.I.V.B.).

Après avoir examiné la robe et le bouquet, le dégustateur porte une petite quantité au palais pour découvrir sa charpente, ses arômes et ses saveurs (photo Twin/C.I.V.B.).

Pour profiter pleinement des qualités d'un grand bordeaux, il faut le servir dans un verre adapté à la dégustation : s'inspirant d'une tulipe, sa forme ramènera les parfums vers le centre ; incolore, il permettra de contempler la beauté de la robe ; muni d'un pied, il évitera de chauffer le vin et permettra de le faire tourner, opération qui mettra en valeur son bouquet en l'oxygénant.

ont été étudiés de façon à mettre en valeur les qualités du vin. Il est souhaitable aussi de les remplir aux deux-tiers.

Quelques vins à découvrir

L'une des chances du vignoble bordelais est de ne pas se limiter aux seuls crus classés. D'autres, moins célèbres mais d'excellente qualité, méritent d'être découverts. Pour peu qu'il soit un peu curieux, l'amateur pourra avoir de très agréables surprises en Bordelais, même dans des régions dont la réputation est établie depuis des décennies, comme le montre ce petit carnet, limité à quelques exemples de bonnes adresses prises, pour cette édition, dans les appellations Bordeaux (et Bordeaux supérieur), Côtes de Bourg, Médoc et Margaux. Mais il en existe beaucoup d'autres, tout aussi intéressantes, dans ces régions et dans le reste de la Gironde.

Ch. Bellerive, A.C. Médoc (Perrin à Valeyrac).
Ch. de Bonhoste A.C. Bordeaux (B Fournier à St-Jean-de-Blaignac).
Ch. Bournac, A.C. Médoc (Secret à Civrac).
Ch. Castenet A.C. Bordeaux (F. Greffier à Auriolles), un excellent rapport qualité prix comme tous les vins des Greffier.
Ch. Chantelys, A.C. Médoc (Courrian Braquessac à Prignac).
Ch. Croix de Barille A.C. (D. Mouty à Ste-Terre), un authentique vin de vigneron.
Ch. des Graves A.C. Bordeaux (SC à St-Loubès), une propriété en pleine renaissance.
Ch. Haut-Macô cuvée élevée en cuves Côtes de Bourg (Mallet à Tauriac), une très bonne illustration des qualités des vins d'A.O.C. Bordeaux ou Côtes élevés en cuves.
Ch. La Botte A.C. Bordeaux (R. Blanchard à Saint-Savin).
Ch. Lacombe Noaillac, A.C. Médoc (Lapalu à Jau).
Ch. Lalande de Gravelongue, A.C. Médoc (Wastin), une âme de chercheur : les techniques ancestrales poussées à leur paroxysme ; étonnant.
Ch. Lamartine A.C. Bordeaux (SCCB à Cantenac).
Ch. Lassime A.C. Bordeaux (SCV Claisse à Landerrouet).
Ch. La Tuilerie du Puy A.C. Bordeaux (Regaud à Le Puy), une propriété en pleine progression.
Ch. Laulan Ducos, A.C. Médoc (Ducos à Jau et Dignac).
Ch. Le Breuil Renaissance, A.C. Médoc (Bérard à Bégadan).
Ch. Les Graviers, A.C. Margaux (à Arsac).
Ch. Les Trois Chardons Margaux (Chardons à Cantenac) ou le bonheur de partager le terroir des très grands.
Les Vieux Colombiers, A.C. Médoc (Cave de Prignac) à faire goûter, en indiquant le prix, aux gens qui ont un *a priori* contre les caves-coopératives.
Ch. Les Vimières Margaux (Boissenot à Lamarque).
Ch. Mercier Côtes de Bourg, cuvée élevée en caves (Chéty à Saint-Trojan).
Ch. de Reignac 90 Cuvée bois A.C. Bordeaux (Y. Vatelot à Saint Loubès).
Ch. Roques-Mauriac cuvée Hélène (Leclerc à Doulezon).
Ch. Saint-Saturnin A.C. Médoc (Tramier à Bégadan) le ''CNRS'' de la vigne, ses vins sont un peu hors norme, on peut ne pas aimer mais il y a du génie dans son travail.
Ch. Tanesse A.C. Premières Côtes de Bordeaux (Cordier à Langoiran).
Ch. de Taste A.C. Côtes de Bourg (Martin à Lansac).
Ch. Vieux Robin A.C. Médoc (Roba à Bégadan).

LA DEGUSTATION ET SES SECRETS

Un grand vin ne peut donner le meilleur de lui-même que si le consommateur se conduit, non pas en buveur mais en amateur. La dégustation nécessite une initiation, à condition qu'elle reste dans le concept du "vin-plaisir". Heureusement, les règles de l'art du bien boire sont relativement simples.

Savoir apprécier un grand bordeaux ne diffère pas de l'approche d'un autre vin. L'important n'est pas de faire étalage d'érudition en essayant de reconnaître à l'aveugle l'appellation, le cru, le cépage ou l'âge du vin. Sauf dans les dégustations spécialisées, avec de vrais professionnels, l'essentiel n'est pas non plus de disséquer un vin pour en faire l'analyse "chimique" et le décrire avec des mots aussi faussement savants que parfaitement obscurs.

Une seule question est primordiale : "ce vin me fait-il plaisir ?" Et une seule préoccupation : comment faire ressortir au mieux ses qualités ? La réponse à cette dernière interrogation tient en quatre points : regarder, humer, savourer, attendre, toute dégustation complète passant par ces quatre étapes.

L'ŒIL ET LA ROBE

La première réside dans l'examen visuel de la robe. Examen n'est d'ailleurs pas le terme qui convient. Il vaudrait mieux parler de la contemplation, car un bon vin est d'abord un beau vin. Ici l'habit fait le moine : pour les rouges une couleur soutenue est l'indice d'une bonne constitution ; légère, elle annonce un vin qui peut se montrer aussi bien facile et délicat que fugitif. Un autre élément de la robe va apporter des indications sur la nature du vin : sa brillance, que l'on observe en plaçant le verre devant une source de lumière. Un vin lumineux a de fortes chances de faire preuve de vivacité voire d'acidité, en revanche, mat ou éteint, il risque d'être terne.

En dirigeant le verre vers un surface blanche, sur laquelle se reflète une

Réunion des confréries du Bordelais au Palais Rohan (l'hôtel de ville de Bordeaux), avec au centre la plus ancienne, la Jurade de Saint-Emilion.

Ci-contre, barriques dans l'un des derniers chais du quartier des Chartrons à Bordeaux.

source lumineuse, on observe la transparence. Pour tous les vins, la limpidité est une qualité indispensable. Un aspect trouble est généralement le signe annonciateur d'un accident (vin cassé ou oxydé).

La couleur peut aussi renseigner sur l'état d'évolution d'un vin. Au cours de son évolution, un rouge passe par les étapes suivantes :
- rouge pourpre, avec des reflets violets ou violacés, pour le vin nouveau ;
- rouge cerise (les reflets violets ont disparu), quand le vin est totalement fait mais encore jeune ; à ce niveau, les bordeaux (A.O.C. génériques) peuvent souvent être bus ;
- rouge avec des reflets cuivrés ou vermillon pour un vin qui a commencé à vieillir mais conserve encore de grandes capacités d'évolution ; en règle générale, c'est à ce niveau que les vins des grandes sous-régionales et communales, doivent commencer à être consommés ;
- rouge brun mais toujours brillant, avec des côtés bronze, le vin est déjà vieux ;
- entièrement brun, sans aucune trace de rouge, le vin est très âgé.

Rose saumon ou rouge très clair, un rosé, ou un clairet, est bon à boire ; quand il se teinte d'orange ou d'une nuance pelure d'oignon, il doit être bu très rapidement, si ce n'est pas déjà trop tard.

La couleur d'un vin blanc sec est également riche d'enseignements sur son évolution :
- presque incolore ou avec juste quelques reflets jaunes, il reste toujours très jeune ;
- jaune mais toujours assez claire avec des reflets verts, la robe annonce une bonne constitution ;
- jaune mais avec une nuance dorée, elle est un signe de maturité, mais elle peut aussi être une marque de l'élevage en bois ;
- or ou cuivre, le vin est déjà bien évolué et doit être bu sans attendre ;
- ambrée, la couleur devient inquiétante ; la bouteille aurait due être consommée depuis longtemps.

Pour un vin blanc liquoreux, l'interprétation sera différente, une robe jaune d'or étant l'indice d'une solide constitution et une promesse de bonne garde ; de même les teintes vieil or et cuivre, tout en étant une indication du vieillissement, ne sont pas à interpréter comme une invitation à boire le vin sans tarder.

Comme chaque étape de la dégustation, l'examen visuel fait appel à un vocabulaire précis pour la description du vin. Sans être figé, le choix des termes est important, car ils peuvent revêtir une connotation positive ou négative.

Ceux de soutenue, profonde, nette, brillante, limpide, vive, brillante, cristalline (ces deux termes concernent la limpidité) ou somptueuse indiqueront des qualités.

En revanche, les défauts seront signalés par des mots comme léger, piètre, terne, trouble, louche, opaque ou voilée.

LE BOUQUET

Deuxième étape de la dégustation, l'examen olfactif, l'analyse du bouquet, fait appel au nez. Il se déroule en fait en deux temps.

Au début, il faut se contenter de humer le vin sans bouger le verre, l'idéal étant de laisser au repos sur une table. Progressivement s'exhalent des parfums qui se marient ou se succèdent pour former un ensemble complexe.

Pour accélérer le processus et faire apparaître d'autres senteurs, le dégustateur peut animer le vin en le faisant tourner dans le verre. Mais ce mouvement doit être impérativement lent, mesuré et progressif ; trop rapide ou saccadé, il risquerait de casser l'harmonie de l'enchaînement naturel des odeurs et rendrait difficile la perception de la totalité de l'expression aromatique du vin. Or celle-ci est particulièrement complexe dans des vins d'assemblage tels que les bordeaux.

Le bouquet d'un vin peut comprendre jusqu'à 10 types de parfums différents ; le dégustateur averti pourra découvrir des odeurs, évoquant : les fleurs, très présentes dans les blancs (tilleul, acacia...) mais que l'on trouve parfois aussi dans les rouges (violette) et qui sont dues au cépage ; les fruits frais, fruits rouges (cerise, fraise etc), coing, pomme, ananas ou fruits exotiques, qui proviennent également du cépage, en général ; les fruits secs ; la végétation (herbes et feuilles) ; les roches (pierre à fusil, silex), qui sont assez rares en Bordelais ; les animaux dont les plus marquées, les odeurs de gibier et de fourrure, sont souvent apportées par le vieillissement ; la forêt de pins ; la torréfaction et le feu (senteurs empyreumatiques) ; les épices ; la truffe et les champignons ; les aliments ; et les confiseries.

L'examen olfactif permet de compléter le visuel : après avoir été agité dans le verre, le vin vient se reposer au fond. Mais, en descendant, il laisse des traînées sur la paroi. Celles-ci sont une précieuse indication du degré alcoolique et du "gras" que va présenter le vin.

Pour désigner le bouquet, le dégustateur dispose d'une gamme très étendue de termes.

Si l'analyse est positive, il parlera d'un bouquet développé, ample, profond, intense ou complexe.

S'il reste sur sa faim, il regrettera son côté simple, simpliste, discret ou monocorde.

LE PALAIS

Les examens visuels et olfactifs sont riches de renseignements sur les qualités du vin. On dit même qu'un viticulteur, buveur d'eau, faisait ses assemblages sans jamais goûter un verre de vin, rien qu'en le regardant et en le humant. Toutefois ils ne sont qu'une mise en forme avant la grande épreuve, celle de la bouche, du palais.

Une petite quantité de vin, faible mais pas négligeable (de six à 10 ml), est portée à la bouche. Moindre, le volume ne procurerait que des sensations faibles ; plus important, il demanderait trop de temps pour se réchauffer. Ensuite, le dégustateur déplace délicatement le vin, en le faisant rouler dans le palais, pour qu'il puisse entrer en contact avec les différentes parties sensibles. Enfin, au bout d'une dizaine ou d'une douzaine de secondes, il l'avale ou le recrache.

Le déplacement du vin dans le palais est source de saveurs. Des quatre

Voici plusieurs exemples d'étiquettes de vins. L'étiquette affirme l'identité du vin : propriétaire ou négociant, appellation, millésime, etc…, tous ces renseignements y sont inscrits.

La grande diversité des vins de Bordeaux fait qu'ils sont fort appréciés, dans leur ensemble, par les amateurs.

de base, que connaissent les physiologistes (salée, sucrée, amère et acide), seules deux interviennent en oenologie : la sucrée et l'acide. La première est présente, soit directement, dans les liquoreux, soit indirectement, transformée en alcool. Les différentes combinaisons possibles entre ces deux éléments vont donner ses caractères essentiels au vin.

S'il est blanc, il sera :
- agressif, avec une acidité très forte et un moelleux très faible ;
- frais, avec une acidité forte et un moelleux faible ;
- nerveux, avec une acidité et un moelleux très forts ;
- soutenu, avec une acidité forte et un moelleux très fort ;
- sec, avec une acidité normale et un moelleux faible ;
- équilibré, quand l'acidité et le moelleux se contrebalancent ;
- gras, avec une acidité normale et un moelleux fort ;
- lourd, avec une acidité très faible et un moelleux très fort ;
- doucereux, avec une acidité faible et un moelleux fort ;
- plat, avec une acidité et un moelleux faibles ;
- creux, avec une acidité et un moelleux très faibles.

S'il est rouge, l'acidité et le moelleux se combineront avec une troisième sensation, l'astringence qui est apportée par les tanins. Contrairement aux saveurs, l'astringence ne réagit pas sur la langue mais se signale par une rugosité sur les muqueuses. Le vin idéal est celui qui arrive à un parfait point d'équilibre entre ces trois éléments. C'est le propre des grands vins qui se distinguent des bons vins par leur construction, puissante et harmonieuse. A la fois charpentée, fondue et élégante, leur structure soutient une belle expression aromatique, riche et complexe. Toutefois, la dominante d'une ou de deux composantes n'implique pas un défaut. Tout dépend de son importance et de savoir si elle occasionne ou non un effet récessif chez les autres caractères. Ainsi :
- la dominante des tanins donnera un vin charpenté, mais si elle est excessive il deviendra rugueux ;
- celle de l'acidité un vin frais ou maigre ;
- celle du moelleux un vin fondu ou pâteux ;

Si deux éléments dominent, on aura avec :
- celle du tanin et de l'acide un vin ferme ou raide ;
- celle de l'acidité et du moelleux un vin soutenu ou dissocié ;
- celle du tanin et du moelleux un vin étoffé ou lourd.

Au palais, le vin libère aussi de nouveaux arômes que l'on découvre par voie rétro-nasale. Ce sont les arômes, aussi appelés "arômes de bouche". L'odorat joue en effet un rôle capital dans cette partie de la dégustation. Souvent les sensations perçues par les dégustateurs débutants comme des "goûts" sont en réalité dues à la rétro-olfaction. Elles portent le joli nom, emprunté au vieux français, de "flaveurs", hélas un peu tombé en désuétude aujourd'hui.

L'évolution du vin au palais permet de découvrir trois phases successives : l'attaque (le premier goût), l'évolution proprement dite et la finale. Une fois qu'il est avalé ou recraché, sa présence se prolonge par le maintien d'arômes ; c'est la longueur en bouche ou persistance qui est particulièrement importante pour les grands vins.

Saveurs perçues par la langue, sensations tactiles (volume, onctuosité...) et thermiques, réactions des muqueuses, le ''goût du vin'' est un ensemble complexe et sophistiqué. Le nombre de notions que fait entrer en ligne de compte l'analyse en bouche explique que le vocabulaire concernant cette partie de la dégustation soit très riche.

Un bon vin pourra être rond, moelleux, chaleureux, gras, riche, généreux, puissant, robuste, racé ; il aura de la chair, de la sève, une grande persistance, de la longueur de l'élégance, de la classe...

Un mauvais vin sera maigre, plat, sec, dur, métallique, creux, court, lourd, charnu, rustique, grosssier, ''sans corps, ni esprit''.

LE GUIDE DES MILLESIMES

Les vins de Bordeaux sont célèbres pour leur aptitude au vieillissement. Mais celle-ci varie avec chaque appellation et chaque cru ; il n'existe aucune règle absolue, toutefois on peut distinguer très schématiquement et arbitrairement plusieurs groupes principaux :

— **Les vins blancs secs** sont à boire dans l'année ou les deux ans à l'exception des graves et, surtout, des pessac-léognan qui présentent une aptitude au vieillissement variant selon les millésimes, avec un apogée vers trois ou quatre ans. Parfois ils peuvent être attendus jusqu'à une dizaine ou une douzaine d'années, pour les crus les plus remarquables.

— **Les vins rouges** des A.O.C. Bordeaux ou des Côtes atteignent leur apogée entre deux et trois ans pour les millésimes à évolution rapide et trois à cinq ou six ans pour les millésimes de garde (voir infra). Dans les très bonnes années, certains bordeaux supérieurs et vins de côtes peuvent dépasser ces limites pour atteindre les huit ou neuf ans, voire 10.

— **Les liquoreux** peuvent être bus jeunes mais n'atteignent leur plénitude qu'au bout de 5 à 10 ans selon les appellations et les millésimes et peuvent vieillir, dans les grandes années, jusqu'à 20 ans voire plus pour les sainte-croix du mont, cérons, barsac et Sauternes (jusqu'à 25 ou 50 ans pour ces deux dernières appellations). Les millésimes récents les plus remarquables sont, outre les exceptionnels 88, les 86, 83, 82, 81.

— **Les grands vins rouges** des appellations du Libournais (Saint-Emilion et son collège, Pomerol, Fronsac) du Médoc et des Graves présentent une évolution plus complexe avec :

1°) Les millésimes à évolution rapide (comme les 84 ou 87) qui peuvent être servis jeunes, à une température ou 16°, voire de 15°, et qui atteignent généralement leur apogée au bout de trois à six ans.

2°) Les millésimes de garde (comme les 70, 71, 75, 76, 78, 79, 81, 82, 83,

85, 86, 88 ou 90) dont l'apogée se situe autour de 4 à huit ou 10 ans pour les fronsac, médoc, saint-émilion et graves ; six à 12 ou 15 ans pour les communales du Médoc, saint-émilion grands crus, pomerol, pessac-léognan. Ces vins peuvent aussi se montrer très agréables jeunes, servis assez frais (14 ou 15°) sur des plats relevés qui s'accommodent très bien de leur côté tannique. Mais il est à recommander d'attendre cinq ans pour les apprécier pleinement et de les servir à une température de 17°, parfois même de 18°.

3°) Les millésimes de grande garde (tels les 70, 75, 82, 85, 86, 88 ou certains 89 et 90, et les 71 à Pomerol, sans parler des millésimes historiques comme les 29 ou les 45) qui sont capables d'évoluer favorablement pendant 20 ou 25 ans et même pendant 40 ou 50 ans. Ici, il n'existe plus de règle et la seule solution pour les amateurs ayant la chance d'en posséder est de suivre leur évolution par la dégustation ou la lecture de la presse spécialisée. Très âgés, ils peuvent sembler parfois un peu durs mais il est recommandé de les aérer avant de les servir. Par ailleurs on ne saurait trop recommander de décanter tous les vins rouges quelque soit leur âge.

VINS ROUGES

Quelques millésimes ''historiques'' : 1928, 1929, 1934, 1937, 1943, 1945, 1947, 1949, 1955, 1959, 1961.

1962 : Une très bonne année ; les vendanges n'ont pas été précoces mais elles ont été servies par le très beau temps de septembre et octobre. Même si certains médocs et graves peuvent encore vieillir, l'ensemble des vins sont à boire maintenant.

1963 : Un petit millésime, les vins devraient être bus.

1964 : Une très bonne année mais seulement pour les crus qui ont échappé aux violentes pluies d'octobre ; c'est en Libournais qu'on trouve le plus de réussites ; en Médoc et dans les Graves, les variations se font de propriété à propriété même si l'on considère généralement que Pauillac, Saint-Julien et Margaux ont moins souffert que les autres.

1965 : Une année à oublier.

1966 : Le plus beau millésime de la décennie avec le 1961, malgré un mauvais mois de juin et un sécheresse estivale, heureusement rattrapés par un excellent mois de septembre. Les très grandes réussites n'ont pas manqué, singulièrement dans les Graves et en Médoc où plus d'un saint-julien ou d'un pauillac ont encore de beaux jours devant eux. En revanche, beaucoup de saint-émilion et pomerol sont maintenant soit sur leur déclin, soit à leur apogée ; dans un cas comme dans l'autre, ils sont à boire.

1967 : Une année moyenne, qui aurait pu être du même acabit que la précédente si le mois de septembre n'avait pas été inférieur. Les vins ont atteint leur apogée au bout d'une dizaine d'années, surtout en Médoc et dans les Graves où ils ont été moins réussis qu'à Saint-Emilion et Pomerol. Mais là aussi, s'ils ont duré plus longtemps, ils sont généralement sur le déclin.

1968 : L'un des plus petits millésimes de la décennie. Certains crus ont préféré s'abstenir, d'autres auraient mieux fait d'agir de même, seuls un petit nombre ont réussis des vins à boire jeunes mais qui sont aujourd'hui à réserver pour le vinaigrier.

1969 : Un millésime plus que moyen, le mois de septembre ayant été déplorable. Quelle que soit leur provenance, les vins ne présente plus aucun intérêt aujourd'hui.

1970 : Une année exceptionnelle, abondante et de grande qualité ; certes, le printemps tarda à apparaître, entraînant une floraison et une vendange peu précoce ; mais l'été et l'automne connurent une météo pratiquement idéale (chaude et sèche avec juste quelques pluies pour éviter la sécheresse). Médoc, graves, saint-émilion ou pomerol, tous les grands vins ont mis longtemps à évoluer, mais ils ont encore une charpente et une puissance tannique qui leur garantissent une bonne décennie de vieillissement, notamment pour les margaux et saint-julien.

1971 : Une très bonne année qui n'eut qu'un tort, celui de succéder à un très grand millésime qui lui a fait de l'ombre.

1972 : Un petit millésime, sans maturité, qui a payé très cher une floraison tardive et un été "tristounet".

1973 : Une bonne année mais irrégulière. La plupart des vins ont décliné, seuls quelques rares médocs et graves peuvent encore être bus.

1974 : Une assez bonne année mais uniquement pour les crus ayant réussi à vendanger avant la pluie. Très rares sont les crus à être toujours bons à boire et ils ne doivent plus être attendus.

1975 : La meilleure année de la décennie avec 76 : des vins très puissants, tanniques et complets, en Médoc, dans les Graves comme en Libournais, avec peut-être un peu plus d'équilibre du côté de Saint-Emilion et de Pomerol. Au total, même si quelques vins ont été trahis par leurs tanins, on compte beaucoup de réussites qui doivent connaître leur apogée entre 1995 et 2000.

1976 : Un millésime exceptionnel, les excellentes conditions météorologiques du printemps, de l'été ont été gâchées par des pluies d'automne. Là qualité varie énormément, de cru à cru.

1977 : Une année moyenne dont les vins auraient dû être bus vers 1985-1986.

1978 : Une très bonne année bien que de maturité tardive, avec de très belles réussites, à boire d'ici l'an 2000, notamment en Médoc.

1979 : Comme 1978, une très bonne année mais de maturité tardive et irrégulière selon les crus. En Médoc les plus réussis continuent d'évoluer très favorablement. Toutefois, c'est en Libournais qu'on a produit les meilleurs vins, le millésime ayant été celui du merlot.

1980 : Une petite année, quelques vins ont tenu mais ils doivent être bus rapidement.

1981 : Un très bon millésime, supérieur à 1979, mais qui n'a eu qu'un défaut : avoir des cadets plus brillants que lui. Cet enfant de l'été, dû à de grosses chaleurs en août, connaît maintenant son plein épanouissement. Beaucoup de vins peuvent encore évoluer mais sont déjà bons à boire.

1982 : Un très grand millésime, servi par une météorologie quasi idéale sur l'ensemble du cycle végétatif de la vigne. En Médoc, comme dans les Graves et en Libournais, partout les vins sont réussis. Une décennie après la récolte, ils conservent intact leur potentiel d'évolution et restent d'une grande fraîcheur.

1983 : Encore un très grand millésime, pourtant l'année avait mal commencé. Mais juin, l'été et l'automne tinrent du miracle. Sans conserver la jeunesse des 82, les vins ont très bien évolué. Tous les spécialistes s'accordent pour estimer que beaucoup doivent atteindre leur optimum entre 1995 et 2005.

1984 : Un millésime moyen ; le merlot a beaucoup souffert de la coulure au moment de la fleur et en septembre tous les cépages ont été victimes des pluies et des orages ; ne méritent plus d'être attendus.

1985 : Très bonne, bien qu'inégale, cette année a fait mentir les dictons : la floraison se fit sous la pluie mais la nouaison se passa dans de très bonnes conditions et le mois de septembre fut exceptionnel. Le merlot a pu mûrir plus facilement que le cabernet. Les grandes réussites furent plus nombreuses en Libournais qu'en Médoc et dans les Graves.

1986 : Une bonne année pour les cabernets ; en revanche ce fut au tour des merlots de souffrir. Très tanniques, les premiers sont de grande garde.

1987 : Une petite année mais qui a réservé de jolies surprises, avec des vins très agréables à boire jeunes et de très bons rapports qualité-prix. Beaucoup de crus doivent être bus maintenant mais quelques-uns sont juste à point.

1988 : Une très bonne année, très classique et vouée à la garde ; les vins méritent d'être attendus, au moins jusqu'à la fin du millénaire pour beaucoup et plus pour certains.

1989 : Une très bonne année, marquée par un été exceptionnellement chaud et sec. Parmi les appellations qui se sont le plus distinguées on notera Saint-Julien et celles du Libournais, l'année ayant particulièrement souri au merlot.

1990 : Un excellent millésime, caractéristique d'année précoce, la météo ayant été une réplique de celle de 1989. Les réussites sont légion, notamment en Médoc et dans les Graves. Les succès obtenus dans l'aire spécifique de l'A.O.C. Médoc permettront de découvrir de très beaux vins à des prix intéressants.

1991 : Année difficile et de petite garde avec de faibles quantités dues au gel de la nuit du 20 au 21 avril ; malgré tout quelques belles réussites et des vins d'un très bon rapport qualité-prix qui illustrent parfaitement les vertus des petits millésimes, dont l'intérêt est d'offrir de grands crus à des prix abordables et des vins à consommer jeunes, ce qui permet d'attendre les grands millésimes.

SAUTERNES, BARSAC ET LIQUOREUX

Quelques millésimes "historiques" : 1928, 1929, 1937, 1943, 1947, 1949, 1952, 1953, 1955, 1959 et 1961.

1962 : Très bon millésime ; beaucoup de vins sont toujours excellents 30 ans après mais ils semblent avoir atteint leur apogée.

1963 : Pas de vins.

1964 : Une année sans intérêt, la plupart des grands crus n'ayant pas eu de production du fait des pluies d'octobre.

1965 : Presque pas de vins.

1966 : Un très beau millésime mais qui a connu le malheur d'être suivi par une très grande année.

1967 : Un millésime exceptionnel, beaucoup de sauternes sont encore étonnants par leur fraîcheur et leur fruité ; mais ils sont aussi rares à trouver que recherchés par les collectionneurs et... hors de prix.

1968 : Pas de vins.

1969 : Un millésime très médiocre dans l'ensemble ; toutefois quelques – rares – bouteilles de sauternes pourront continuer à se révéler.

1970 : Une très bonne année pour tous les liquoreux, qui mériteront d'être encore attendus même s'ils n'ont pas dans ce millésime la même race que les rouges.

1971 : Autre très bonne année, ce millésime a donné naissance à des vins bien typés.

1972 : Appelle les mêmes commentaires que le rouge, voire pire.

1973 : Millésime moyen dont les vins devraient être bus.

1974 : Un tout petit millésime oublié depuis longtemps.

1975 : Malgré des avis divergents, une très belle année ; certes quelques crus étaient trop alcoolisés mais beaucoup de vins ont très bien évolué et sont bons à boire actuellement.

1976 : Année de sécheresse mais d'un ensoleillement rare, ce millésime a donné des vins aussi concentrés qu'élégants.

1977 : Une année faible, désormais sans intérêt.

1978 : Une assez bonne année mais irrégulière. Les vins réussis doivent pouvoir évoluer jusque vers l'an 2000.

1979 : Une belle année dont les vins étaient bien typés mais ne demandent plus à être attendus.

1980 : Une année moyenne dont les vins doivent déjà être bus.

1981 : Une bonne année dont les vins peuvent être bus sans attendre durant les années 1993 - 1995.

1982 : L'année du miracle pour les uns, un millésime qui n'a pas laissé un grand souvenir pour les autres (''bons sans plus'' pour Peppercon). Mais ces derniers ont un jugement un peu sévère.

1983 : Une très grande année dont les vins, longs et onctueux, possèdent toujours un très beau potentiel de vieillissement.

1984 : Une assez bonne année, mais la plupart des vins devraient déjà être bus.

1985 : Une année irrégulière selon les propriétés ; les vins les plus réussis sont élégants et de longue garde.

1986 : Une très belle année ; d'une grande concentration, les vins ont bénéficié d'une botrytisation parfaite et sont de très grande garde.

1987 : Ce ne fut sans doute pas une grande année, mais les producteurs ayant su se montrer intraitables sur la sélection ont obtenu de beaux résultats.

1988 : La première des ''Trois glorieuses'', le botrytis a attaqué tardivement mais dans d'excellentes conditions. Les vins sont des classiques au meilleur sens du terme.

1989 : La seconde des ''Trois glorieuses'', sans doute un peu inférieure aux deux autres mais pas de beaucoup.

1990 : La troisième et sans doute la plus réussie des ''Trois glorieuses'' ; les perfections sont légions.

1991 : Comme dans les autres vignobles girondins, le gel n'a pas épargné beaucoup de vignes.

LES BORDEAUX A TABLE

A quelques rares exceptions près, la finalité ultime du vin, sa raison d'être, est d'accompagner les mets. Avec la "mode du vin" des années 1980 on avait fini par l'oublier. Heureusement les choses sont rentrées dans l'ordre.

Pour que le vin donne le meilleur de lui-même, il faut savoir l'associer aux plats qui sont réellement faits pour lui ; ou, plus exactement, pour lesquels il est vraiment destiné. Ce sont les "accords gourmands" qui transforment un repas banal ou simplement sympathique en un moment privilégié qui restera inscrit dans les mémoires.

QUELQUES REGLES GENERALES

Avec les viandes le vin sera choisi essentiellement en fonction de sa structure. On privilégiera les rouges, toutefois certains blancs feront parfaitement l'affaire et donneront parfois des accords peut-être insolites mais très séduisants, notamment quand elles sont servies avec des sauces blanches ou blondes ; ici plus que jamais il convient d'oser et d'expérimenter.

S'il faut tenir compte du type de nourriture, il est également impératif de prendre en considération l'accompagnement ; une grillade et une sauce n'appelleront pas les mêmes vins. La règle essentielle est d'aboutir à concilier deux notions fondamentales et contradictoires : l'équilibre et le contraste.

La première est relativement simple : éviter qu'un mets trop fort ou trop relevé ne vienne écraser le vin, ou l'inverse. L'accord doit tenir compte de la structure et de la finesse du vin, et pas seulement de ses caractéristiques gustatives et aromatiques. Il conviendra d'ouvrir une bouteille corsée sur un plat fort, et fine sur des mets délicats. Ainsi un saint-émilion pourra être servi : jeune sur une viande en sauce au goût accusé ; plus âgé sur un rôti, un gigot ou un gibier à viande fine ; et nettement plus évolué sur certaines volailles, des champignons comme les cèpes ou un foie gras chaud. La règle de l'équilibre explique également l'harmonie qui s'établit entre le vin blanc et des mets faiblement colorés (volaille, poissons etc.) ou servis avec une sauce blanche.

Le contraste réside souvent dans la réunion du sucré et du salé. Mais il peut prendre les formes les plus diverses pour arriver à des harmonies étonnantes, telle celle que procure la rencontre de l'onctuosité d'un vin de sauternes ou barsac et du piquant d'un fromage de Roquefort.

L'application de ces deux principes permettra de répondre à la question que se posent tous les gastronomes : dans quel ordre convient-il de servir les vins ? Ici, il faudra balayer l'idée reçue qui veut que le millésime le plus récent précède le plus ancien. Quel que soit leur âge, ils seront présentés en fonction des plats et de leur force tannique, qui dépend du millésime, de l'appellation et du cru : le vin le plus léger devra précéder le plus puissant et le plus bouqueté. Ainsi on obtiendra une gradation des sensations, d'autant plus importante que la sensibilité sensorielle diminue au cours du repas.

Théoriquement la meilleure solution serait de débuter par les vins blancs pour finir sur les rouges. Théoriquement, car si cette solution est parfaite avec les blancs secs, elle peut parfois poser des problèmes avec les grands liquoreux dont l'envergure n'a rien à envier à celle des meilleurs rouges. Certes, leur meilleure place est en entrée, après avoir servi d'apéritif, mais il sera prudent de prévoir ensuite un vin capable de leur succéder.

S'ils demanderont parfois de la sophistication, les accords gourmands pourront aussi être d'une grande simplicité. Ainsi pour apprécier au mieux un très grand vin d'un âge respectable (premier ou second cru classé rouge) il ne faudra pas avoir peur de le servir sur une très bonne charcuterie ou une simple volaille rôtie, par exemple un saint-julien d'un grand millésime sur un saucisson.

APERITIFS

L'évolution du goût sous l'influence ''anglo-saxonne'', l'hygiène alimentaire, la peur de l'alcootest..., tout contribue à remplacer le traditionnel apéritif par un verre de vin. Personne ne le regrettera : au lieu d'agresser les papilles gustatives, comme le font de trop nombreux apéritifs, cette solution présente l'avantage de préparer le palais à l'harmonie des accords gourmands qui vont donner son unité et son harmonie au repas. Par ailleurs, elle permettra aux dégustateurs confirmés de se perfectionner ou d'initier à leur art les néophytes. Contrairement à une opinion trop répandue, le choix de vins de Bordeaux comme apéritifs est très large.

En premier lieu viennent les blancs. D'abord, les moelleux et liquoreux. Leur choix s'impose impérativement si le repas commencera par un foie-gras. Mais, attention, il est souhaitable que le vin pris en apéritif soit assez léger et nerveux ; ce qui conduira à privilégier des appellations comme Cérons, Loupiac, Sainte-Croix du Mont et à choisir une bouteille pas trop âgée.

L'apéritif parfait : un liquoreux léger et nerveux (barsac, sainte-croix du mont, loupiac ou cérons).

Les secs tranquilles conviendront également, quelque soit leur appellation.

Si le repas doit débuter par un plat nécessitant un vin blanc, le mieux sera de le servir en apéritif, éventuellement dans un millésime plus jeune. Sinon on pourra opter pour un entre-deux-mers.

Enfin des vins rouges pourront être servis en apéritif, à condition d'être jeunes et fins.

COQUILLAGES ET CRUSTACES

Ici l'usage courant doit être suivi presque systématiquement : c'est un vin blanc sec, vif, léger et fruité, qui se prêtera le mieux. En dépit de son côté un peu obsolète, très "réclame" des années 50, l'expression "Entre-deux-Mers entre deux huîtres" contient toujours une part de vérité.

L'accord parfait : huîtres, plates ou creuses, d'Arcachon, Marennes ou de Bretagne, et un entre-deux-mers classique.

Toutefois, certaines nuances permettent de mieux jouer de la diversité des vins blancs de Bordeaux. Si nous allons conserver l'entre-deux-mers ou un bordeaux, mais traditionnel dans les deux cas, pour les huîtres et les petits crustacés (crabes, crevettes, langoustines etc.), nous pourrons aussi opter pour un côtes de blaye (ou de bourg), pour les plateaux de fruits de mer et les moules en salade, deux types de mets qui s'accommoderont également d'un bordeaux moderne (macération pelliculaire et barrique). Pour les grands crustacés (homard et langouste), surtout quand ils sont accompagnés d'une mayonnaise, ce sera le graves blanc, et de préférence — voire obligatoirement pour le homard — un pessac-léognan, qui produira le meilleur effet.

L'accord insolite : le civet de langouste avec un grand rouge déjà bien évolué (saint-émilion de 8 à 10 ans ou médoc − graves de 10 à 12) ; et avec un homard à l'américaine, ou à l'armoricaine, un moelleux ou liquoreux.

Lorsqu'ils rentrent dans des préparations cuisinées, les coquillages et crustacés se plieront aux exigences de la recette. Ainsi les moules marinières, ou au vin blanc, s'accommoderont d'un bordeaux, d'un jeune graves, d'un entre-deux-mers ou d'un côtes de blaye frais, fruité et marqué d'une petite pointe d'acidité. En revanche avec des plats crémeux ou en sauce il conviendra de privilégier les graves blancs et singulièrement les pessac-léognan. Assez âgés, ces derniers s'exprimeront tout particulièrement sur des brochettes de saint-jacques.

POISSONS

Qu'ils soient servis en entrée ou comme plat principal, les poissons trouvent eux aussi leur complément naturel dans les vins blancs.

En entrée, avec les poissons crus (loup ou saumon) ou à l'huile (thon, sardine, hareng), on optera pour un vin blanc sec généreux, par exemple un graves. Autour d'une terrine de poisson, mets le plus souvent fin et délicat, le vin devra aussi être élégant, tout en pouvant soutenir et mettre en valeur le plat. On retrouvera, donc, les graves mais les entre-deux-mers feront également l'affaire.

L'accord insolite : le saumon fumé et un liquoreux de la rive droite. Servi en plat principal, le poisson demandera un vin différent selon son mode de cuisson ou de préparation :

— grillé, au four, pané, frit, poché, à la vapeur ou au court-bouillon, il s'accommodera de tous les vins blancs secs, bordeaux, côtes de blaye et de bourg, entre-deux-mers ou jeunes graves ; la seule règle sera de monter dans l'échelle de la qualité avec le degré de raffinement du plat lui-même ;

L'accord parfait : la sole meunière et un grand pessac-léognan blanc (Chevalier ou Laville Haut-Brion).

— en sauce, le poisson devient plus exigeant ; il demandera généralement un entre-deux-mers ou, mieux, un graves, voire pour les mets les plus raffinés un pessac-léognan, éventuellement un cru classé ; dans certains cas, quand ils entrent dans la composition de la sauce, les grands rouges remplaceront les blancs, notamment pour la lamproie à la bordelaise, dont les complices idéaux sont les médoc, les haut-médoc, les bourg et, surtout, les saint-émilion grand cru. Quelque soit son origine, le vin devra être assez âgé (à son optimum) : sept ou huit ans pour un médoc ou saint-émilion.

CHARCUTERIES

Les accords entre les vins et la charcuterie sont souvent mal connus. Pourtant ils sont faciles à réaliser et souvent peu coûteux. Ainsi les saucisses, saucissons et andouilles se marient avec le rosé et le clairet, de même qu'avec les bordeaux supérieurs et les vins (rouges) de côtes, notamment les côtes de bourg et de blaye. on peut aussi les accompagner d'un vin blanc sec (bordeaux sec ou entre-deux-mers).

Sur des pâtés ou terrines on restera dans des vins simples mais bien constitués comme les côtes, les fronsac, les voisins de Saint-Emilion et les saint-émilion (non grands crus). Quand le pâté est fait avec du gibier, il ne faut pas hésiter à passer sur des bouteilles supérieures venant des appellations Saint-Emilion grand cru ou Pomerol. Enfin un pâté apprêté aux fruits de mer ou au poisson offrira l'occasion de continuer sur le liquoreux ayant servi pour l'apéritif.

FOIE GRAS

Pour le foie gras au naturel, même les plus anticonformistes le reconnaîtront, l'accord le plus traditionnel est le plus adapté. Tous les liquoreux conviendront parfaitement, l'idéal étant évidemment de le choisir parmi les sauternes ou les barsac qui trouveront ici leur raison d'être. De tous temps, ou presque, cette association a été réalisée. C'est d'ailleurs ce qui explique la vocation de vins de dessert des liquoreux, le foie gras étant autrefois servi en fin de repas. De nombreux sommeliers recommandent cette pratique qui présente l'avantage de respecter la progression de saveurs.

L'accord parfait : le foie gras au naturel et un sauternes ou barsac d'un bel âge.

Dans cette perspective, le foie gras chaud retrouve toute sa place. On pourra rester classique et l'accompagner d'un grand liquoreux, âgé si possible, ou d'un grand vin rouge, graves, médoc, pomerol ou saint-émilion grand cru, déjà assez évolué (de huit à dix ans ou plus) pour que ses tanins soient bien fondus.

En entrée, à défaut de liquoreux ou de moelleux, ou pour rendre le repas plus léger, il est possible de servir un très bon vin blancs sec.

TARTES SALEES ET AUTRES ENTREES

Les vins de Bordeaux pourront accompagner de nombreuses autres entrées. A titre d'exemple citons : les cuisses de grenouille qui s'harmoniseront avec un entre-deux-mers, l'avocat et un bordeaux sec et les artichauts crus, avec un rosé ou un clairet.

Sur les tartes salées, notamment aux légumes, les bordeaux, bordeaux supérieurs et premières côtes de bordeaux viendront à point nommé. Toutefois sur les quiches on leur préfèrera un bordeaux blanc sec ou un entre-deux-mers.

TRIPERIES-ABATS

D'une manière générale les tripes s'accommodent assez mal des vins de Bordeaux ; le mieux sera de se tourner vers des appellations plus rustiques. Toutefois, certains premières côtes de blaye ou côtes de bourg (ceux qui possèdent encore une bonne proportion de malbec dans leur encépagement) permettront de rester dans la gamme des productions girondines et d'obtenir le charnu nécessaire tout en apportant un surplus de finesse.

Sur les "beaux abats" (foie de veau, rognons) les appellations rouges les plus prestigieuses retrouveront tous leurs droits, à commencer par Pomerol, Saint-Emilion grand cru, Haut-Médoc et les communales, notamment Saint-Julien.

Pour les brochettes et autres barbecues, on choisira une note estivale avec un rosé, clairet ou un bordeaux rouge léger.

VIANDES ROUGES

Pour les viandes rouges un vin rouge s'impose de façon quasi automatique. Même si cette règle peut souffrir quelques exceptions, parfois fort originales comme nous le verrons plus loin.

Simplement grillées, à la poêle ou sautées, voire rôties, elles s'accommodent volontiers d'un vin jeune, encore tannique. Pratiquement tous les appellations de Bordeaux se marient alors avec elles. Recommander plus particulièrement une tient de la gageure. Toutefois, il est d'usage de conseiller, d'une manière générale, un vin de côtes (généralement un côtes de bourg) ou un graves, et :

— sur le bœuf grillé (entrecôte, bavette, bifteck...) ou rôti, prendre un bordeaux, bordeaux supérieur, premières côtes de bordeaux, côtes de castillon ou montagne saint-émilion ; dans tous les cas il est à recommander de le choisir dans un millésime assez jeune.

— sur le bœuf sauté avec un accompagnement plus relevé (entrecôte à la bordelaise ou au roquefort, steak au poivre), le vin sera plus puissant, tel un bordeaux supérieur bien charpenté, un Fronsac ou un haut-médoc, voire un saint-

Julien ; lorsque la viande est épaisse (tournedos, châteaubriand, côtes de bœuf...) le vin devra être originaire d'une appellation prestigieuse comme Saint-Emilion grand cru, Pomerol, Graves, Haut-Médoc et les communales (Pauillac, Pessac, Margaux, Listrac...).

L'accord (très) insolite, presque fou : le mariage de l'entrecôte et du sauternes.

– sur les côtelettes de mouton, c'est un saint-julien qui s'exprimera avec le plus de plénitude ; mais un autre vin de classe pourra convenir, entre-autres un saint-estèphe, haut-médoc, graves, saint-émilion, montagne saint-émilion, côtes de castillon ou de bourg.

L'accord parfait : un gigot (selle ou épaule) de mouton sur un pauillac ou, à défaut, un margaux, saint-julien ; ce qui n'exclue pas les autres communales, les médoc et haut-médoc, les pessac léognan, graves et saint-émilion grand cru. Dans tous les cas on le choisira assez jeune (de trois à quatre ans).

Sur les viandes en sauce, l'accord est simple quand il s'agit d'une sauce au vin : on servira de préférence celui qui a servi à la préparation, mais éventuellement dans un millésime plus ancien. Pour le bœuf en daube, il sera possible de choisir parmi une large palette d'appellations : Bordeaux supérieur, Côtes de Bourg, Montagne Saint-Emilion, Fronsac ou Lalande de Pomerol.

Pour les ragoûts, de bœuf ou de mouton, on optera pour un vin assez corsé comme un côtes, un voisin de Saint-Emilion ou un fronsac. En revanche une sauce orsini demandera un vin plus raffiné, de même nature que ceux qui accompagnent les viandes épaisses.

Reste le pot-au-feu, dont certains font un problème presque insoluble. Ici il faut de préférence un vin simple comme un bordeaux ou un bordeaux supérieur qui ait été élevé en cuves. Toutefois d'autres accords sont possibles, avec des fronsac, premières côtes de bordeaux, côtes de Bourg ou, même, des saint-émilion classés, à condition que le millésime soit récent.

VIANDES BLANCHES ET VOLAILLES

D'une manière générale, l'agneau, le veau, le porc et les volailles demandent des vins rouges privilégiant la finesse.

Pour le porc, les bordeaux supérieurs, les meilleurs vins de l'appellation Bordeaux, et les côtes de bourg se marieront heureusement avec la quasi totalité des modes de cuisson, notamment les rôtis et les grillades.

Sur le veau, entre-autres sur les escalopes panées, milanaises, ou les accommodements à la sauce tomate au parmesan ou à l'ail, il ne faudra pas hésiter à ouvrir une bouteille de médoc, de même que sur les blanquettes, les marengo et les sauces, trois types de préparation qui se marieront également fort bien avec un graves ou un côtes de bourg.

Pour l'agneau, qu'il s'agisse du gigot, de la selle ou du baron (les deux gigots et la selle), un pauillac de bonne origine ou, plus généralement, un haut-médoc composera un accord naturel ; mais il faudra qu'il ne soit pas trop jeune (quatre à cinq ans ou plus) ; toutefois il est aussi possible de choisir un pomerol, notamment pour accompagner des compositions plus complexes.

L'accord parfait : le baron d'agneau au four et un pauillac

Les volailles elles aussi méritent fréquemment de beaux vins. La dinde ou l'oie aux marrons, sur le cassoulet au confit d'oie : un vin assez corsé mais fin comme un pomerol, un fronsac, un haut-médoc (ou une communale), un saint-émilion grand cru, celui-ci pourra être âgé mais l'oie risque alors de l'éclipser. Sur la pintade, le canard à l'orange ou aux olives, le confit ou le magret de canard le choix est étendu : pomerol, saint-émilion grand cru, pessac-léognan, communale du médoc (particulièrement Saint-Julien et Saint-Estèphe) ; sur des aiguillettes de canard un haut-médoc assez jeune (trois ou quatre ans).

L'accord insolite : le poulet, élevé au grain, ou un chapon avec un grand liquoreux (sauternes, barsac, sainte-croix du mont ou loupiac), et le canard à l'orange sur un vieux barsac.

Sur les poules et poulardes farcies, l'idéal sera de servir un pomerol, graves ou médoc d'un bon millésime ayant déjà suffisamment évolué (sept ou huit ans) pour qu'il se soit bien fondu ; l'idéal étant que le vin présente un bouquet de sous-bois et de champignons.

Froides, les viandes blanches et les volailles seront servies avec un bordeaux générique rouge, de préférence souple, un bordeaux blanc sec ou, mieux, avec un rosé ou un clairet.

GIBIERS

S'il n'existe pas de "vin de chasse", les gibiers sont sans doute l'un des mets qui permettent le mieux aux grands bordeaux rouges de s'exprimer dans toute leur plénitude.

Sur les gibiers à plume, (faisan, perdreau et perdrix, mais aussi bécasse, caille et pigeon) on servira un vin très racé, à la charpente bien fondue ; on le choisira dans les Graves et en Médoc, notamment dans les communales avec en tête Margaux, Saint-Julien et Pauillac, mais en prenant soin qu'il ait atteint son optimum et soit suffisamment évolué (autour de huit à 10 ans ou plus selon les millésimes et l'appellation) pour le petit gibier à la chair fine. La palombe et la bécasse demanderont elles des vins très tanniques, dans la force de l'âge.

Sur les gibiers à poil, généralement plus forts, il sera fait appel à des vins riches et charnus, de préférence un peu évolués mais tout en possédant encore beaucoup de sève : par exemple un saint-émilion, surtout ceux de la côte, ou un pomerol, pour son fumet de truffe.

L'accord parfait : un chevreuil (grand veneur) et un pomerol, d'un beau millésime, ni trop jeune, ni trop âgé (autour de cinq ou six ans).

En civet, le gibier à poil, notamment le sanglier, pourra être associé à un saint-émilion grand cru déjà d'un bon âge

LEGUMES ET CHAMPIGNONS

Trop souvent négligés, les accords gourmands avec les légumes offrent d'excellentes occasions de mettre en valeur les vins. Ici, on ne peut que reprendre les propositions d'Alain Ségelle et Monique Chassang *(Connaître les vins de France)* en les adaptant : sur les légumes tendres et délicats on servira un rosé, clairet ou bordeaux générique ; sur un chou (ou chou-fleur et de Bruxelles) un vin plus ample et plus rond, comme un fronsac ou un lalande de pomerol ; sur des légumes plus farineux ou au goût prononcné, un vin assez corsé, comme un côtes de bourg.

Pour les pommes de terre il conviendra de prendre en compte essentiellement le mode de cuisson ou d'assaisonnement.

Un plat de champignons sauvages doit fournir l'occasion d'ouvrir une belle bouteille de graves, de médoc ou a fortiori d'une communale, notamment Pessac-léognan. Elle sera d'un joli millésime mais assez jeune (de trois à cinq ans). Toutefois sur un plat de cèpes un vin d'un bel âge peut mettre en valeur la finesse du champignon.

FROMAGES

Contrairement à une idée reçue, le mariage des vins et des fromages est l'un des plus difficiles à réussir. Ici le classicisme est à bannir. Les vins rouges donnent souvent des accords très réussis, surtout quand le fromage présente un petit côté salé qui va s'opposer à l'amertume des tanins. Mais se limiter systématiquement à eux seuls est le meilleur moyen pour se priver de quelques grands moments gastronomiques et de retirer aux fromages comme aux vins une bonne partie de leurs vertus de faire valoir réciproques.

Pour bien établir son accord gourmand, il est impératif de prendre en considération l'intensité des saveurs et odeurs du fromage. Plus celles-ci seront prononcées, plus le vin devra être corsé. La liste des unions possibles est immense, aussi nous nous contenterons ici de quelques exemples que nous souhaitons significatifs.

Ainsi sur un fromage à pâte molle et au goût mesuré, comme un jeune camembert ou brie, un reblochon, un carré de l'est, un chaource, il est possible de servir un voisin de Saint-Emilion.

Toutefois, sur les pâtes molles à goût plus prononcé, comme un camembert crémeux ou un époisses, un vin de plus grande origine pourra être servi : un saint-émilion grand cru, un haut-médoc, un pomerol ou une bouteille originaire d'une communale du Médoc. Il pourra être vieux (jusqu'à cinq, six ou dix ans).

Sur une pâte pressée ou demi-dure (saint-nectaire, cantal, tommes...) le choix sera très vaste : un blanc sec, un rosé, un clairet conviendront, de même qu'un médoc, fronsac ou saint-émilion. Devra-t-il être jeune ou avancé ? Ici, il faut bien le reconnaître, les avis sont radicalement opposés. Chacun devra faire l'expérience et choisir en fonction de ses goûts personnels.

Les crus de grande origine seront gardés de préférence pour les pâtes persillées, comme les bleus (des Causses, d'Auvergne etc) et le roquefort, car ce sont eux qui vont fournir les accords les plus réussis. Les bleus demanderont soit des vins rouges, soit des liquoreux ; mais toujours très racés ; on n'hésitera pas à ouvrir un cru classé des Graves ou du Médoc). Sur le roquefort, en revanche, les sauternes et barsac s'imposent, car ils fournisssent une parfaite illustration du principe de contraste.

L'accord parfait : le roquefort et un grand sauternes ou barsac d'une dizaine d'années.

Sur les chèvres, seuls des blancs secs et fruités pourront être proposés ; en revanche les brebis comme le fromage de Hollande s'accommoderont d'à peu près tous les vins.

DESSERTS

Sur les gratins de fruits rouges un jeune sauternes ou barsac (trois ans) procurera un moment d'émotion. D'une manière générale, les crèmes, flans et entremets se marient agréablement avec les liquoreux et moelleux du fait de leur onctuosité.

L'accord parfait : une salade de fruits nature et un grand sauternes ou barsac, qui aura servi à arroser légèrement la salade, ce qui évite de la sucrer.

Les tartes tatins ou aux fruits s'accommoderont généralement d'un liquoreux, notamment d'un sauternes ou barsac.

Avec le chocolat, le mieux sera de renoncer à tout vin, sauf peut-être pour une mousse servie avec une crème anglaise ou une sauce à la pistache, un liquoreux, surtout un barsac, trouvant alors une place de choix.

CUISINE REGIONALE

L'usage veut que l'on serve avec la cuisine régionale des vins de même origine. Cette idée est sans doute l'un des plus parfaits exemples de cliché stéréotypé à balayer. C'est oublier que si les paysans ouvraient autrefois une bouteille de vin du pays, c'était uniquement faute de mieux. Il existe en effet deux types de vins : ceux qui sont bons sur place, qui sont faits pour être bus dans leur région d'origine, et ceux qui sont destinés à voyager. Bien souvent ces derniers mettront plus en valeur un plat local que la production du cru. Ainsi le chou farci prendra une autre dimension sur un lalande de pomerol pas trop jeune qu'avec un vin rouge d'Auvergne. De même le thon à la basquaise sera en parfaite harmonie avec un graves blanc.

CUISINES EXOTIQUES ET ETRANGERES

L'opinion, assez − trop − répandue, qui veut que les vins de Bordeaux se marient mal avec les cuisines exotiques est largement fausse. Certes, il faudrait s'entendre sur la signification donnée au terme exotique. S'il s'agit d'une cuisine rudimentaire et vulgaire, cherchant à compenser ses manques par un abus d'assaisonnement, il est certain que le raffinement des bordeaux sera à contre-emploi. Mais en matière de cuisine exotique, comme en tout, il faut distinguer la bonne de la mauvaise.

Ainsi le raffinement de la gastronomie chinoise s'accommodera fort bien de nombreux vins de Bordeaux, notamment des blancs secs, des clairets ou des moelleux (du type graves supérieurs ou premières côtes de bordeaux), voire des liquoreux, notamment les vieux sauternes et barsac, qui trouveront une place quasi naturelle sur des mets faisant appel à la notion d'aigre-doux.

Rosés et moelleux donneront également un accord insolite et surprenant mais pas du tout désagréable sur le *chili con carne* ou sur le *couscous*. Les autres vins de Bordeaux trouveront plus difficilement un emploi. Toutefois les occasions d'association aussi imprévue que réussie ne manquent pas, à commencer par celle d'un *carpaccio* et d'un graves rouge de trois ou quatre ans maximum, à servir à 15°.

DANS LA CUISINE

Les vins de Bordeaux ne sont pas *a priori* des vins de cuisine. Ce serait du gaspillage de les employer dans des préparations culinaires qui ne leur permettraient pas de s'exprimer pleinement et pour lesquelles des vins plus ordinaires font tout aussi bien l'affaire. Toutefois, dans certains cas il ne faut pas hésiter à vider une grande bouteille dans la casserole, notamment, comme nous l'avons vu plus haut, pour la recette de la lamproie à la bordelaise.

Moins connu, le ''melon au loupiac'' est plus facile à réaliser et fera une entrée succulente. Son nom ne doit pas être un obstacle pour utiliser un autre liquoreux de la rive droite (sainte-croix du mont ou cadillac). Tous permettront de déglacer les mets qui ont tendance à caraméliser, en apportant un plus au jus ; le tout sans être ruineux, un demi-verre suffisant.

Pour le dessert pourquoi ne pas s'offrir un petit luxe et un grand plaisir avec une soupe de fruits au vin. C'est peut-être la meilleure façon de déguster jeune un très grand saint-émilion, surtout de côte, l'idéal étant des pêches ou fraises avec un Ausone juste âgé de deux ans.

L'accord parfait : une soupe de fraises au jeune saint-émilion de la Grande Côte, de préférence un Ausone de deux ans.

Pour certains cet accord gourmand prendra des airs iconoclastes. Pourtant mieux qu'un accord parfait c'est la garantie d'un souvenir exceptionnel qui fera comprendre mieux que tout discours la signification profonde de l'expression ''vin-plaisir''.

GLOSSAIRE

Acabailles : fête et repas marquant la fin des vendanges.

Acide : en dégustation, l'une des quatre saveurs élémentaires ; un vin légèrement acide est frais et vif ; trop acide il est vert ; pas assez, il perd son bouquet et devient mou.

Agréage : acceptation du vin par le courtier (sens traditionnel), synonyme d'agrément (sens actuel).

Agrément : examen du vin (analyse et dégustation) pour lui permettre de bénéficier de l'A.O.C.

Aire d'appellation : territoire, exclusif et strictement délimité, sur lequel doivent être situées les vignes pour que les vins puissent revendiquer une A.O.C.

Ancien Régime (monarchie d') : nom donné par les historiens à la monarchie des XVIIe et XVIIIe siècles.

A.O.C. : abréviation couramment employée pour désigner une Appellation d'Origine Contrôlée.

Appellation d'Origine Contrôlée : régime s'appliquant à des produits alimentaires de qualité supérieure (vins, eaux de vie, fromages...).

Arôme : parfum ou odeur qui se dégage du vin lorsqu'il est en bouche.

Assemblade : réunion des habitants de plusieurs villages gascons à l'occasion d'une foire ou d'un pèlerinage.

Assemblage : mélange de vins de même origine mais de cépages différents pour constituer un vin unique, homogène et équilibré. Les vins de Bordeaux sont issus de plusieurs cépages, et, souvent, de terroirs distincts. Aussi, après la fermentation et la macération, ou vers le milieu de l'élevage, il est nécessaire de réunir les lots provenant des différents cépages et des diverses parcelles de la propriété pour donner naissance à un vin unique : c'est l'assemblage, opération délicate, qui réclame une grande maîtrise de l'art de la vinification mais qui fait la richesse et la complexité des vins de Bordeaux. L'assemblage, qui concerne des lots de même origine, ne doit pas être confondu avec le coupage (mélange de vins d'origines différentes) qui a lui une connotation péjorative et strictement interdit par la réglementation sur les A.O.C.

Aste : long bous, branche d'un arbre fruitier.

Astringence (adj. astringent) : en dégustation, sensation râpeuse due à la présence des tanins.

Baie : synonyme de grain de raisin.

Bailhot : panier de vendangeur.

Balisca (ou basilica) : nom du cépage, sans doute albanais, introduit en Bordelais à l'époque romaine.

Ban des vendanges : fête marquant la proclamation officielle de l'ouverture des vendanges.

Barrique (bordelaise) : fût d'une contenance de 225 litres.

Biturica : nom donné au cépage *balisca* après son acclimatation à Bordeaux.

Bonde : pièce de bois ou en verre servant à boucher l'orifice supérieur d'une barrique.

Bontemps : récipient en bois servant pour le collage (voir ce nom) qui a donné son nom à la confrérie du Médoc, des Graves et du Sauternes.

"Bordelaise" : bouteille de 75 cls ; la bouteille double est un magnum ; quatre bouteilles font un double magnum, six un jéroboam, huit une impériale et 10 un nabuchodonosor.

Botrytis (botrytis cinerea) : champignon microscopique qui attaque les vignobles vers octobre et provoque la pourriture noble.

Bouchet : nom donné au cabernet-franc dans le Libournais.

Cabernet franc : cépage rouge

Cabernet sauvignon : cépage rouge

Carrasson : synonyme d'échalas.

Cavaillon : bande de terre, située de part et d'autre des pieds de vigne, que la charrue ne peut atteindre.

Cépage : variété de plant de vigne.

Chai : terme typiquement girondin, qui pourrait dériver du celte "caio", et désigne le local où sont encarassés les barriques et, par extension, celui où est logé et élevé le vin.

Chapeau : nom donné au marc qui s'accumule à la surface d'une cuve où fermentent des raisins rouges.

Chaptalisation : ajout de sucre au moût pour relever son degré alcoolique ; cette opération est strictement réglementée.

Chartreuse : petit château néo-classique sans étage des XVIIIe et XIXe siècles.

Chartrons (les) : quartier de Bordeaux, situé le long de la Garonne au nord de la place des Quinconces, où s'installèrent les négociants étrangers aux XVIIe et XVIIIe siècles.

Château : en Bordelais, nom généralement donné à une marque commerciale correspondant à un cru ; il ne revêt pas obligatoirement un sens architectural mais signifie que la propriété est clairement identifiable.

Château du vin (architecture) : château, souvent de style Napoléon III (éclectique), construit avec les revenus du vignoble.

C.I.V.B. : Conseil Interprofessionnel des Vins de Bordeaux, organisme, reconnu par l'Etat, chargé de la promotion des vins de Bordeaux, de la mise en place des accords interprofessionnels et des études économiques ou techniques, touchant à la production et la commercialisation des vins.

Claret : nom donné aux vins de Bordeaux par les Anglais, au Moyen-Age.

Clarification : opération consistant à rendre clair un vin, le plus souvent par collage (voir ce terme).

Collage : technique de clarification consistant à verser dans une barrique un produit dont la coagulation entraîne une précipitation des particules en suspension dans le vin. Le meilleur de ces produits est le blanc d'œuf battu en neige dans le bontemps ; il nécessite de six à huit œufs par barrique.

Colombard : cépage blanc.

180

Confrérie : compagnie (association) de propriétaires ayant pour vocation de faire connaître une appellation par l'organisation, entre autres, de fêtes et manifestations.

Côt : cépage rouge (aussi appelé Malbec)

Coulure : destruction de fleurs, par le froid, la pluie ou une maladie, au moment de la floraison (mai, juin).

Cru : en Bordelais terme s'appliquant à une exploitation viticole, et, partant, à son vin, dont la situation géographique est clairement identifiable, dans une appellation précise ; est synonyme de château (dans d'autres régions, notamment en Bourgogne, le sens est différent mais il fait toujours référence à la notion de production liée à une situation géographique précise).

Cuvier : local abritant les cuves et, par extension, où se fait la vinification.

Débourbage : élimination des bourbes (particules en suspension dans le jus de raisin) pour clarifier le moût.

Décantation (verbe décanter) : transvaser un vin de sa bouteille dans une carafe pour le séparer de son dépôt.

Décavaillonnage : opération ayant pour objet d'enlever (tirer) le cavaillon (voir ce mot).

Dépôt : particules solides qui se déposent au fond de la bouteille quand le vin vieillit ; il ne présente rien d'anormal et peut être éliminé par la décantation.

Douilh (ou douil) : cuveau de bois servant à transporter la vendange.

Echalas : piquet de bois servant à soutenir la vigne.

Echoppe : maison populaire basse typique de l'agglomération bordelaise et du vignoble girondin.

Ecosystème : ensemble complexe d'éléments (sol, sous-sol, végétation, faune, climat, hydrographie, action de l'homme) ayant des rapports interactifs.

Ecoulage : soutirage pratiqué en fin de fermentation pour séparer le vin de goutte du vin de marc.

Egrappage : égrenage destiné à séparer les grains de raisin de la rafle, qui ne sera pas utilisée pour la vinification.

Elevage : ensemble des opérations et soins appliqués aux vins destinés à vieillir.

Encépagement : répartition des variétés de vignes cultivées pour obtenir un type précis de vin ; l'encépagement est réglementé.

Etiquette : si elle peut être de différentes formes ou couleurs, l'étiquette est strictement réglementée pour un vin d'appellation, avec des mentions obligatoires et facultatives. Les mentions obligatoires sont le nom de l'A.O.C. (Appellation XX contrôlée), le volume net de la bouteille, le nom et l'adresse de l'embouteilleur, le titre alcoolométrique, le nom du pays (pour l'exportation). Les mentions facultatives sont le nom du cru ou la marque commerciale, le millésime, le classement (grand cru classé, cru bourgeois, etc.), le nom du propriétaire accompagné de la mention ''propriétaire'', la mention ''mise en bouteilles à''. Cette dernière est strictement régie : ''au (ou du) château, au domaine, à la propriété'' indiquent que la mise a été effectivement faite sur l'exploitation ; ''dans nos caves ou nos chais'' indiquent seulement qu'elle s'est faite chez l'embouteilleur.

Fermentation : transformation d'une substance d'origine organique sous l'action d'un ferment.

Fermentation alcoolique : changement du jus de raisin en vin par la transformation des sucres en alcool et gaz carbonique, sous l'action des levures.

Fermentation malolactique : désadification naturelle, sous l'action de bactéries, qui se produit après la fermentation alcoolique et transforme l'acide malique en acide lactique.

Flaveur : caractère organoleptique associant l'odeur et le goût (au sens large de ce terme).

Fouettage : ancien nom du nom du collage (aux XVIIIe et XIXe siècles)

Grand vin : nom souvent donné au vin commercialisé sous l'étiquette principale d'un château ; en effet certains châteaux commercialisent une partie de leur récolte sous une seconde étiquette (les Forts de Latour pour château Latour, Pavillon rouge pour château Margaux) afin de réserver au grand vin les meilleures cuves de la récolte. Limitée aux seuls premiers grands crus classés du Médoc au début, cette pratique s'est fortement répandue depuis ; en général les producteurs l'utilisent dans dans une optique qualitative, pour défendre la réputation de leur cru, ce qui permet aux consommateurs de faire de bonnes affaires.

I.N.A.O. : Institut National des Appellations d'Origine (voir Appellation d'Origine Contrôlée).

Joualle : association d'autres cultures à la vigne.

Levurage : introduction de levures artificielles.

Levures : champignons de taille microscopique qui provoquent la fermentation ; elles sont étroitement dépendantes du terroir.

Macération : contact du moût avec les parties solides du raisin.

Maillage : vérification de l'état des échalas, suivie, selon les cas, d'un enfoncement ou d'un remplacement.

Malbec (côt, pressac) : cépage rouge.

Malolactique : voir fermentation.

Marc : résidu solide de la vendange.

Merlot : cépage rouge (merlot noir).

Merrain : bois de chêne, refendu et non scié, utilisé pour la fabrication des barriques ; sous l'Ancien Régime il était importé des villes hanséatiques de la Baltique.

Mildiou : maladie déclenchée par un champignon qui s'attaque aux parties vertes de la vigne.

Millésime : année de récolte d'un vin.

Moût : nom donné au liquide sucré, extrait du raisin par foulage, avant sa fermentation.

Muscadelle : cépage blanc.

Mutage : arrêt de la fermentation pour éviter la transformation totale du sucre en alcool.

Nouaison : brève période, suivant la floraison, pendant laquelle apparaissent les verjus, les futurs grains de raisin.

Oïdium : maladie de la vigne provoquée par un champignon qui entraîne une pourriture grise.

Ouillage : remplacement des quantités de vin perdues dans les barriques à cause de l'évaporation ; son utilité est d'éviter les contacts entre le vin et l'air.

Ouillette : terme local, d'origine occitane, désignant un entonnoir en fer blanc.

Organoleptique : adjectif s'appliquant aux caractères perçus par les sens lors de la dégustation (visuels, olfactifs, sapides, chimiques et tactiles).

Palus : nom local donné au bourrelet alluvial (souvent argileux) bordant la Garonne, la Dordogne et l'estuaire de la Gironde (ses vins ont droit aux appellations régionales Bordeaux).

Petit verdot : cépage rouge

Phylloxéra : maladie provoquée par un puceron qui s'attaque aux racines de la vigne ; il a ravagé le vignoble français entre 1860 et 1890.

Pourriture grise : pourriture ordinaire, maladie à ne pas confondre avec la pourriture noble.

Pourriture noble : dessèchement des baies de raisin accompagné d'une augmentation de la teneur en sucre.

Premier vin : synonyme de grand vin.

Pressac : cépage rouge (autre nom du malbec).

Presse (vin de) : vin obtenu par pressurage du marc après le décuvage (uniquement dans la vinification du vin rouge).

Pressurage : opération consistant à presser le marc de raisin pour extraire le jus.

Prix-fait : travail à la tâche pour lequel on détermine une surface, délimitée en nombre de ceps, qui est confiée à un vigneron pour un "prix fait" (fixé) ; les principaux travaux qu'il doit accomplir sont les suivants : taille, sécaillage, décavaillonnage etc.

Prix-faiteur : vigneron travaillant au prix-fait.

Rafle : parties ligneuses de la grappe, soutenant les grains de raisin

Rège : terme bordelais désignant le rang de vignes.

Robe : aspect visuel du vin (intensité de la couleur, limpidité).

Sauvignon : cépage blanc.

Sécaillage : synonyme de maillage.

Second vin : seconde étiquette d'un cru ; limitée aux très grands crus médocains à l'origine (voir grand vin), cette pratique s'est répandue par la suite. Aujourd'hui on trouve beaucoup de seconds vins dans les appellations régionales et sous sous-régionales, notamment dans les Côtes, où ils correspondent souvent à des lots élevés en cuves et non en barriques. Moins chers que les cuvées bois, mais aussi moins astringents, ils sont souvent très intéressants pour les consommateurs.

Sémillon : cépage blanc.

Soutirage : transvasement du vin d'une barrique (ou d'une cuve) à l'autre pour éliminer la lie et les dépôts susceptibles de transmettre des maladies au vin.

Sulfitage : adjonction d'une solution sulfurée dans le moût pour le protéger contre les risques de maladies.

Tanin (parfois écrit à tort tannin) : groupe de produits organiques, provenant de la rafle, de la peau et des pépins, qui permettent aux vins rouges de vieillir.

Tannique : caractère d'un vin riche en tanin, en dégustation synonyme d'astringent.

Tisane à Richelieu : nom donné – par la cour de Versailles ou les Bordelais ? – aux vins de Bordeaux, le duc de Richelieu, qui était à l'époque gouverneur de Guyenne, ayant été revigoré par leur consommation.

Tonneau : unité de mesure de capacité correspondant à quatre barriques, soit 900 litres ; il sert aux transactions, mais il n'existe aucun fût de cette dimension bien que dans le langage courant il soit souvent synonyme de barrique ou fût.

Typicité : caractères spécifiques des vins d'une appellation ou d'un cru.

Ugni blanc : cépage blanc.

Véraison : moment où les baies commencent à se colorer et où la vigne cesse de croître.

Verdeur : caractère d'un vin vert (un vin trop acide) ; pour la diminuer, il est recommandé de servir le vin très frais.

Yeux (de la vigne) : nom donné aux bourgeons.

BIBLIOGRAPHIE

Sur la viticulture et la vinification :
Ribéreau-Gayon J., Peynaud E. (dir.) *Sciences et techniques du vin*, Dunod 1982 ;
Ribéreau-Gayon P. *Le Vin* (Coll. *Que sais-je ?*) P.U.F. 1993 ;
pour une approche plus facile mais très sérieuse :
Thiney M.-J. *Petit guide d'oenologie*, Mollat 1992 ;
Sur les chemins des vignobles de France (col.) Sélection du Reader's Digest 1984.

Sur l'histoire des vins de Bordeaux :
Roudié Ph. *Vignobles et vignerons du Bordelais* (1850-1980), CNRS 1988 ;
que l'on complétera, sur des points plus spécialisés, par :
Pijassou R. *Le Médoc, un grand vignoble de qualité*, Tallandier 1980 ;
Pijassou R. et Jean R. *Le Médoc, vignobles et vignerons*, L'Horizon Chimérique 1990 ;
Enjalbert *Les grands vins de Saint-Emilion* ;
et, pour la replacer dans son contexte régional, par :
Lebègue A. *Histoire des Aquitains,* Sud Ouest 1992 ;
Prévôt Ph. *Connaître la Gironde,* Sud Ouest 1992.

Sur l'ethnographie et la civilisation du vin :
Hiéret, *Outils des vignerons et tonneliers du Bordelais,* PUB 1992 ;
Viaut A. *Flor de vinha,* MSH Aquitaine 1992, remarquable étude sur le parler vigneron qui dépasse le champ de la linguistique.

Sur l'écosystème de la qualité :
Atlas Hachette-I.N.A.O. des vins de France (col.) Hachette 1989 ;
Seguin G. "Les accents du terroir", in *La Vigne et le Vin,* Sciences et Vie 1986 ;
Lebègue A. *Connaître les vignobles de Bordeaux,* Sud Ouest 1990.

185

Sur les millésimes :

Dubourdieu Fr. *Les grands bordeaux de 1945 à 1988,* Mollat 1992 ;
Peppercon D. *Les vins de Bordeaux,* Flammarion 1992.

Sur les appellations :

Féret C. *Bordeaux et ses vins,* Féret 1990 demeure l'ouvrage de référence ; il sera complété pour la cartographie précise des A.O.C. par :
L'Atlas Hachette INAO des vins de France ;
et pour une sélection qualitative des vins par le :
Guide Hachette des vins de France, Hachette, qui présente chaque année un nouveau millésime avec quelque 1500 vins de Bordeaux sélectionnés à l'aveugle par des commissions de spécialistes.

Sur les accords gourmands :

Kauffmann J. *Un repas quels vins ?* Editions S.A.E.P. 1991 ;
Ségelle A. et Chassang M., *Connaître les vins de France,* Editions Jean-Paul Gisserot 1992.

Pour le service des vins et l'initiation à la dégustation :

Sur les chemins des vignobles de France, Sélection du Reader's Digest, Ségelle A. et Chassang M. *Connaître les vins de France ;*
sans oublier pour la dégustation :
Peynaud E. *Le goût du vin,* Dunod 1980, toujours fondamental.

Pour visiter les vignobles :

Lebègue A. *Connaître les vignobles de Bordeaux,* qui propose la découverte de toutes les appellations bordelaises en trois circuits d'une à deux journées chaque ;
On le complétera par les ouvrages sur Saint-Emilion, le Médoc et Bourg, parus dans la collection des *guides Sud Ouest des grands vignobles*, et par le :
Guide bleu Aquitaine, Hachette Sud Ouest 1987 ;
Lebègue A. *Bordeaux, Gironde côte landaise, Guides balades* Solar, Solar 1992, qui comprend des promenades thématiques sur l'architecture des châteaux du vin, la gastronomie et les vins, les bars à vin, Montesquieu vigneron etc.

CRÉDIT PHOTOGRAPHIQUE

Guy-Marie Renié : 1ere de couverture, p. 105. Pascal Moulin : p. 20, 48, 52, 53, 76, 94, 120, 122, 125, 154, 160. Bertrand Cabrol : p. 36, 37, 41, 44, 45 haut, 49, 56, 57, 61, 97, 100, 101, 108, 113, 116, 117, 121, 132, 133, 136, 137, 141, 145, 147, 153, 155. Antoine Lebègue : p. 40, 60, 104. Patrick Mérienne : p. 64, 128. C.I.V.B. : p. 33, 148. Twin - C.I.V.B. : p. 152, Patrick Cronenberger - C.I.V.B. : p. 45 bas, 144.

TABLE DES MATIERES